Zeugen des Jahrhunderts

Wolfgang Hildesheimer

Ich werde nun schweigen

In der Reihe »Zeugen des Jahrhunderts«
sind bereits erschienen:

Jean Améry: Der Grenzgänger
Rudolf Augstein: Macht und Gegenmacht
Karlfried Graf Dürckheim: Der Weg ist das Ziel
Marta Feuchtwanger: Leben mit Lion
Hildegard Hamm-Brücher: Mut zur Politik
Hans Jonas: Erkenntnis und Verantwortung
Heinrich Maria Ledig-Rowohlt: Prince Henry
Friedrich Luft: Die Stimme der Kritik
Elisabeth Mann Borgese: Die Meer-Frau
Freya von Moltke: Die Kreisauerin
Gottfried Reinhardt: Hollywood, Hollywood
Hilde Spiel: Die Grande Dame

Wolfgang Hildesheimer

Ich werde nun schweigen

Gespräch mit Hans Helmut Hillrichs
in der Reihe
»Zeugen des Jahrhunderts«

herausgegeben von Ingo Hermann

Redaktion: Jürgen Voigt

Lamuv

Bitte fordern Sie unser kostenloses Gesamtverzeichnis an:
Lamuv Verlag, Postfach 2605, D-37016 Göttingen

1. Auflage, Juni 1993

Umschlaggestaltung: Gerhard Steidl
unter Verwendung eines Ullstein-Fotos von Matthias Jüschke
Gesamtherstellung: Steidl, Göttingen
Printed in Germany
ISBN 3-88977-326-5

Inhaltsverzeichnis

Der Dichter und die Eisenbahnen

Annäherung an Wolfgang Hildesheimer

In dem Aufsatz »Meine Gedichte« aus dem Jahre 1983 beschreibt Wolfgang Hildesheimer, warum ein Gedicht von Hans Magnus Enzensberger, das den Titel »Schläferung« trägt, zu einem seiner Lieblingsgedichte geworden ist. Es drückt den Wunsch aus, in einem Musikinstrument, »in der verwundeten Gitarre der Nacht«, zu schlafen, und es hat Wolfgang Hildesheimer zu einer kleinen Geschichte angeregt, die ebenfalls »Schläferung« heißt und den Versuch beschreibt, diesen Wunsch in die Tat umzusetzen.

Ein anderes Gedicht von Hans Magnus Enzensberger, dessen Anfangszeilen noch tiefer in die Themen, Schauplätze und Motive seines eigenen Werkes hineinführen, erwähnt Wolfgang Hildesheimer in seinem Aufsatz nicht. »Lies keine Oden, mein Sohn, lies die Fahrpläne: sie sind genauer«, hatte Enzensberger 1962 ins »Lesebuch für die Oberstufe« – so der Titel des Gedichts – eintragen lassen: als Ermahnung zur Nüchternheit und Wachsamkeit, wie der Text nahelegt, aber auch als Kritik eines der Poesie entfremdeten, minuziös verplanten Lebens. Als ein immer wieder variiertes Motto zieht sich die Enzensbergersche Lektion durch das gesamte Werk von Wolfgang Hildesheimer: Kursbücher, Bahnhöfe, Schienenstränge, Nah- und Fernzüge, wohin man sieht und liest.

Da ist der Humanist aus den »Lieblosen Legenden«, der den Orientexpreß besteigt, um einen Steinkauz nach Athen zu tragen, und von seinem Abteilgefährten über Aristophanes und antike Philologie belehrt wird. Da sind – ebenfalls in den »Lieblosen Legenden« – der Wirtshausbesucher, dem am Biertisch eine den französischen Staatsbahnen entwendete Lokomotive angeboten wird, und der unglückliche Herr Adrian, der nicht nur den Zug verpaßt, sondern auch den Anschluß an die Zivilisation: In beunruhigender Eile werden Bahnhof und Schienen abgebaut und das Eisenbahnnetz verlegt.

Nicht zu vergessen die »Begegnung im Balkanexpreß«, die Hildesheimers gleichnamiges Hörspiel von 1953 und seinen Roman »Paradies der falschen Vögel« bestimmt und die den Kunstfälscher Robert Guiskard in eine folgenreiche Abhängigkeit von Heizern, Lokomotivführern und Schaffnern bringt. Oder das Theaterstück »Die Verspätung« (1961), in dem die Züge nach eigenen Gesetzen fahren, die Uhren ihren Dienst versagen und eine Welt voller verrückter Figuren unaufhaltsam aus dem Gleis kippt.

Schließlich der Roman »Tynset« aus dem Jahre 1965, dessen Titel dem Kursbuch der norwegischen Staatsbahnen entnommen ist, das einem schlaflosen, auf Wetter- und Weltraumbeobachtungen fixierten Erzähler als bevorzugte Lektüre dient. Tynset – ein Ort der Phantasie, eine Chiffre des Irrealen, ein imaginärer Bahnhof mit blechernen Schuppen, Güterzügen und Abstellgleisen, »Station eines stampfenden, schlenkernden Personenzuges mit einem polternden Echo, von Südwesten nach Nordosten, und seines Zwillingsbruders von Nordosten nach Südwesten, die einander aber nicht hier begegnen, sondern an irgendeiner ebenen, signalbesteckten Ausweichstelle auf halbem Weg, auf freiem Feld«.

Tynset – in der Realität der unbedeutende Haltepunkt einer Nebenbahnlinie in Norwegen, aber als literarische Erfindung ein Orientierungspunkt auf der Landkarte der Wahrheit. Denn die Wahrheit, darauf hat Wolfgang Hildesheimer, unter Hinweis auf ein Zitat von Max Frisch, beharrt, lasse sich eben nicht zeigen, historisch dokumentieren oder journalistisch beschreiben, sondern nur dichterisch erfinden. Aufgabe der Literatur sei es, Fiktion zur Wahrheit zu machen, nicht etwa umgekehrt Wahrheit zu Fiktion.

Selbst mit einiger Phantasie und Erfindungskraft ist schwer vorstellbar, daß ein anderer Ort als Poschiavo in Graubünden Wolfgang Hildesheimers Wahlheimat geworden wäre. Zwar darf als sicher gelten, daß er diesen Ort, in dem er seit 1957 lebte und am 21. August 1991 starb, nicht der Lektüre des Schweizer Kursbuches, sondern realen geographischen Erkundungen verdankt. Unbestreitbar ist aber auch, daß er denen, die ihn hier besuchten und die er, wenn sie korrekt ihre Ankunftszeit signalisiert hatten, am liebsten schon auf dem Bahnsteig in Empfang nahm, fast so etwas wie seine persönliche Eisenbahn mit einem einzigartigen Streckennetz

Aufgabe der Literatur: Fiktion zur Wahrheit machen.

und einem Haltepunkt direkt vor der eigenen Haustür bieten konnte: die Bernina-Linie.

Als Teil des Schmalspur-Schienennetzes der Rhätischen Bahn, das rund 400 Kilometer umfaßt und wichtige Täler Graubündens erschließt, führt die Bernina-Linie von St. Moritz im Engadin über den Bernina-Paß ins Puschlav und weiter nach Tirano im italienischen Veltlin. Sie verbindet die arktische Landschaft des über 4000 Meter hohen Piz Bernina mit ausgeprägt milden Klimazonen und der Vegetation des Südens. In der Mitte des Puschlaver Tals liegt Poschiavo, auf halber Strecke zwischen ewigem Schnee und Wein, wie Wolfgang Hildesheimer es empfand. Weiter südlich fährt der Bernina-Expreß am malerischen See von Le Prese vorbei, zu dessen Liebhabern vor Hildesheimer schon Sigmund Freud gehörte, und leistet sich dann, fast am Ende seiner Reise, ein Eisenbahnkunststück ersten Ranges: den raffinierten Ausgleich von Höhenunterschieden auf dem Rundviadukt von Brusio, der den Eindruck erweckt, als käme er aus einem Laden für Riesenspielzeug oder aus einem Museum für Brückenbau.

Wolfgang Hildesheimer, der das Puschlav als ein Tal voller »Gelassenheit und Zurückhaltung« empfand, hat das merkwürdig unpompöse Eisenbahnkarussell am Talausgang in diese Wertung einbezogen und auf unnachahmliche Art gewürdigt: »Kurz hinter dem Ort Brusio haben vor nunmehr über fünfzig Jahren die Ingenieure der Bernina-Bahn zur Formung der Landschaft beigetragen. Sie haben die schroffen und hier sehr nah zusammenrückenden

Berghänge ausgeklammert, einen Kastanienhain mit einem kühn geschwungenen, halbrunden Viadukt eingefaßt, durch dessen ungleiche Brückenbogen sich wechselnd-kombinierbare Ausblicke bieten, und damit einen Raum von überraschender Anmut geschaffen, ein intimes panoramisches Theater für den Genießer des Erlesenen, des Unerwarteten – nicht aber für den Fotografen, dem sich dieses Tal nie und nirgends erschließt.«

Die Ingenieure als Künstler, der Dichter als Eisenbahner, der Leser als Zugbegleiter. Wolfgang Hildesheimers Leben und Werk führen ihn dorthin, wo die Oden und die Fahrpläne zweifellos doch etwas miteinander zu tun haben. Um Dichtung zu werden, hat Hildesheimer gesagt, müsse ein Ereignis, eine Beobachtung, eine Erfahrung tief durch das Unbewußte hindurch, unterirdische Gänge überwinden und schwierige Brücken passieren. Wer das Glück hatte, dem Dichter in Poschiavo zu begegnen, für den sind die Brücken, Galerien und Tunnel, über die ihn die Rhätische Bahn wieder in die Zivilisation zurückbringt, nicht mehr dieselben wie zuvor.

Schriftsteller sein, hat Wolfgang Hildesheimer geschrieben, sei keine Lebensentscheidung, sondern ein Schicksal auf Zeit: mit der Chance zu sagen, was es zu sagen gibt, und zu schweigen, wenn es gesagt ist. Seit 1983 war er nicht mehr mit dem Schreiben von Geschichten, sondern mit der Produktion von Zeichnungen und Collagen beschäftigt. Der Zug der menschlichen Zivilisation, davon war er überzeugt, rast dem Abgrund entgegen. Die letzte

Gelegenheit, die Notbremse zu ziehen, sei längst versäumt. In wenigen Generationen werde die Menschheit die von ihr verwüstete, vergiftete und zerstörte Erde verlassen haben. Es werde keine Erinnerung, keine Nachwelt, keine Leser mehr geben. Wenn aber alles sich zum Verhängnis, zum Verderben entwickle, mache das Erfinden von Geschichten keinen Sinn mehr: »Wir schreiben über die Liebe, und in Wirklichkeit geht die Welt unter.«

Bevor es ihm die Sprache verschlug, hat Wolfgang Hildesheimer die deutsche Literatur noch um viel (bahn)fahrendes Volk, um ein Arsenal von Sonderlingen, komischen Käuzen und scheiternden Helden bereichert, die von Anfang an immer zu spät kommen und mit Ödipus, Hamlet, vor allem aber mit Wolfgang Hildesheimer verwandt sind. Für den Monolog »Tynset« erhielt er 1966 den Bremer Literaturpreis und den Georg-Büchner-Preis. Preisgekrönt wurde auch »Marbot«, die fiktive Biographie eines kunstbesessenen englischen Landadligen. Hildesheimers »Mozart«, seinen eigenen Worten nach einer lebenslangen aktiven Verehrung entsprungen, wurde in über zwanzig Sprachen übersetzt. Die »Mitteilungen an Max über den Stand der Dinge«, mit denen Hildesheimer 1983 Abschied von der Literatur nahm, enthalten den Satz: »Die Welt hat sich weltweit von der Sprache entfernt.«

Wolfgang Hildesheimer, 1916 als Sohn jüdischer Eltern in Hamburg geboren, 1933 nach Palästina emigriert, von 1946 bis 1949 Dolmetscher bei den Nürnberger Kriegsverbrecherprozessen und später

Mitherausgeber der Protokolle, ist in dieser Welt nicht heimisch geworden. Der sanfte, schmalspurige Bernina-Expreß vor der eigenen Haustür hat ihn die Bahnlinie nach Auschwitz und die Geisterbahn des sogenannten technischen Fortschritts nie vergessen lassen. Auch in Hildesheimers eigenem, weit verzweigten poetischen Eisenbahnnetz sind die Züge nicht zur Erbauung unterwegs. Aber sie fahren auf den Schwellen der Wahrheit.

Hans Helmut Hillrichs

Ich werde nun schweigen

Das Gespräch wurde am 20. und 21. September 1989
aufgezeichnet.

Herr Hildesheimer, was ist das für ein Gefühl, als Zeuge des Jahrhunderts auszusagen? Fühlen Sie sich als Zeuge? Wofür, wogegen könnten Sie Zeugnis ablegen?

Ja, für das Jahrhundert und vor allen Dingen gegen das Jahrhundert. Ich habe mich noch nie als Zeuge des Jahrhunderts gefühlt. Der Begriff stammt ja auch nicht von mir. Aber jetzt, wo ich mich mit ihm vertraut mache, würde ich sagen, ich bin es schon in gewisser Weise, das heißt, ich bin im zweiten Jahrzehnt des Jahrhunderts geboren und mir erst etwa im dritten des Jahrhunderts bewußt geworden. Das ist natürlich ein großer Unterschied. Beim Ersten Weltkrieg war ich ja noch nicht da.

Ihr Geburtsjahr, 1916, fällt aber in die Mitte des Ersten Weltkrieges. Man zählte 600 000 Tote vor Verdun, da zeigt dieses Jahrhundert ja erstmals sein wahres Gesicht, könnte man sagen. Bedeutet das etwas für Sie, Jahrgang 1916?

Nein, absolut nicht, denn ich meine, des Ersten Weltkrieges bin ich mir auch erst später bewußt geworden, und auch da war es mehr oder weniger ein Abstraktum für uns. Es wurde erst real, als wir den Zweiten Weltkrieg erfuhren. Dann machte man sich ein Bild, wie der Erste wohl gewesen sein mag.

Gibt es Kindheitserinnerungen, die sich Ihnen eingeprägt haben und die nicht verlöscht sind?

Das gibt es natürlich. Sie sind sehr ephemer, und sie sind natürlich auch sehr subjektiv. Man wird sich seines Lebens meiner Meinung nach erst in den ersten zehn Jahren bewußt; es mag sehr früh Momente gegeben haben, an die man sich erinnert, obwohl die Erinnerung da auch täuscht. Aber bewußt zu leben und ein Zeuge des Jahrhunderts zu werden, das war mir erst vorbehalten, als es in den zwanziger Jahren zum Nazitum reifte, wenn auch noch nicht durchbrach.

Das Wort »Jude« kam bei uns selten vor

Ich würde gern noch etwas über Ihr Verhältnis zu Ihren Eltern wissen. Ihr Vater war Chemiker, und stammte, wenn ich richtig unterrichtet bin, aus einer alten Rabbiner-Familie in Berlin, während Ihre Mutter wohl eher das deutsche Kulturgut in die Familie trug.

Nein, das deutsche Kulturgut war auch ganz eklatant vorhanden in der Familie meines Vaters. Sie waren zwar fromm, aber sehr liberal. Sie versäumten kein Konzert in Berlin und keine Oper. Meine Eltern stammen eigentlich aus nichtreligiösen Milieus. Das Rabbinermilieu hat mein Vater sehr gut abgestreift, als er gegen den Willen seines eigenen Vaters

Chemie studierte und nicht Rabbiner wurde, und wenn man schon ein solches Joch abstreift, dann stellt sich auch bald eine Gegnerschaft dagegen ein, und so bin ich auch nichtreligiös, unreligiös, nicht etwa antireligiös großgeworden.

Und Sie haben über Ihr Judentum gesagt, Sie seien darin nicht verwurzelt und davon nicht beherrscht, aber Sie fühlten sich als Jude. Das hängt dann mit der Art und Weise zusammen, wie Sie aufgewachsen sind.

Das wird von außen an einen herangetragen. Ich meine, das Wort »Jude« kam bei uns selten vor, und auch in der Odenwaldschule, wo viele Juden waren und in der ich die letzten Jahre in Deutschland verbrachte, 1929 bis 1933, kam es nicht vor. Es kam dann vor, wenn ich in die Ferien fuhr und sich die ersten Anzeichen des Umschwunges bemerkbar machten, sehr stark bemerkbar machten, weil mein Vater ja Fabrikdirektor war und unter seinen Arbeitern eine erhebliche Anzahl von Nazis hatte.

Gibt es andere Eindrücke aus Ihrer Schulzeit, wenn Sie sozusagen direkten Antisemitismus nicht kennengelernt haben, andere positive Eindrücke, zum Beispiel aus den Jahren der Odenwaldschule, die für Sie wichtig geworden sind?

Eindrücke ja. Ich würde sagen, die ganze Odenwaldschulzeit war ein Eindruck. Es war eine Zeit, ohne die ich mir wahrscheinlich arm vorkommen würde heute, obwohl ich nicht sagen kann, daß ich sehr viel gelernt habe. Ich war auch kein guter Schüler. Ich bin ein Spätentwickler und habe eigentlich die Odenwaldschulzeit mehr genossen, als daß ich von ihr profitiert hätte; geistig natürlich, geistig profitiert man unbewußt, aber viel gelernt habe ich damals nicht.

1933 sind Sie mit Ihren Eltern über England nach Palästina ausgewandert. Fühlte sich Ihr Vater bedroht, oder hatte er Angst, daß er als Chemiker vielleicht den Nationalsozialisten nützlich sein könnte?

Nein, mein Vater war schon sehr früh Zionist gewesen. Er gehörte den ersten Zionisten Deutschlands an, und sie wollten schon 1929 emigrieren. Aber da war die Zeit noch nicht reif, zumal meine Schwester und ich in die Schule gingen, und so wartete er noch. Aber 1933, als die Nazis kamen, da hatte er bereits sein Bett in Palästina – damals noch nicht Israel – gemacht, und wir emigrierten am Ende des Jahres 1933. Ich kam aus England.

Aber die Nationalsozialisten waren zu ihm in die Fabrik gekommen und hatten gesagt: »Sie meinen wir nicht, Herr Hildesheimer.« Ist das richtig? Sie schreiben das an einer Stelle.

Ja, mein Vater war beliebt. Er war nicht kaufmännischer Direktor, sondern technischer Direktor. Er war

Chemiker. Er war beliebt bei seinen Arbeitern, weil er gerecht und eine positive Persönlichkeit war, und als man von seinen Emigrationsplänen hörte, schickte die nationalsozialistische Arbeiterschaft zwei Delegierte zu ihm ins Büro, und die sagten: »Sie meinen wir nicht, Herr Direktor Hildesheimer.« Offensichtlich stellten die sich das so einfach vor.

Gibt es andere Dinge, um noch einen Moment bei Ihrem Vater zu bleiben, in denen Sie sich mit ihm identifizieren konnten?

Identifizieren würde ich nicht sagen. Er war ganz anders als ich. Er war eigentlich doch, in vieler Beziehung, ein pflichtbewußter Preuße, allerdings sehr musisch, sehr zugänglich für Literatur und vor allem für Musik. Er hatte in seiner Jugend viel musiziert, was er später nicht mehr tat, und ich fühlte mich zu meinem Vater sehr hingezogen, zu beiden Eltern. Wir hatten ein glückliches Familienleben.

Was wurde gelesen in Ihrer Familie?

Mein Vater las vor allen Dingen Bücher über Physik. Er hatte eine große physikalische Bibliothek. Er war zwar Chemiker, war aber sein Leben lang mehr an Physik interessiert und schrieb ja auch noch, als er sich zur Ruhe setzte, ein Buch, »Die Welt der ungewohnten Dimensionen«, das in Holland mit einem Vorwort von Heisenberg erschien. Aber als das Buch erschien, war es eigentlich schon zu spät.

Und in der Familie Ihrer Mutter bestand offenbar eine Beziehung zum George-Kreis.

Ja, meine Tante fühlte sich zum George-Kreis und zu Mitgliedern des George-Kreises hingezogen, was auch so blieb, bis nach 1933 diese George-Kreis-Mitglieder Nazis wurden, im Gegensatz zu George selbst.

Emigration nach Palästina

Nach Ihrer Emigration war die Zeit von 1934 bis 1939 Ihrer künstlerischen Ausbildung vorbehalten. Können Sie die kurz skizzieren?

Zuerst ging ich nach Palästina, um dort eine Tischlerlehre zu machen. Ich wollte Innenarchitekt werden und habe konsequent eine Tischlerlehre gemacht. Mein Gesellenstück war ein Stuhl, was nicht ganz einfach ist; das heißt, ein heutiger Stuhl ist einfach zu machen.

Gibt es ihn noch?

Das ist gut möglich. Wenn es ihn noch gäbe, würde er zur Familie Schocken gehören, die neben Warenhäusern auch den deutschen Verlag hatte, in dem die ersten Kafka-Ausgaben erschienen, und die ein großes Haus in Jerusalem besaß.

Dieser Stuhl war keineswegs schön, aber schwierig, und er hat mir Spaß gemacht.

Dann ging ich nach London, um dort auf der Akademie Innenarchitektur und vor allen Dingen Bühnenbild zu lernen, schwänzte sehr viel und lebte zum Teil in Cornwall, in Westengland, wohin es mich immer gezogen hatte, seit ich »Tristan und Isolde« gelesen und gesehen hatte. Bis Anbruch des Krieges habe ich dann in London und in Cornwall gelebt.

Es gab aber auch eine Zwischenstation in Salzburg.

Das war die Sommerakademie in Salzburg bei Emil Pirchan, wo ich auch Bühnenbild gemacht habe und wo Pirchan meinen Eltern noch versicherte, daß ich das Zeug zum Bühnenbildner hätte, und ihnen riet, diesen Teil meiner Persönlichkeit weiter auszubilden, was ich dann ja auch tat.

1939 kehrten Sie dann von London nach Palästina zurück, waren zunächst Englischlehrer und dann britischer Informationsoffizier. Wie sah Ihre Tätigkeit konkret aus?

Ich war zuerst im Lehreramt am British Council. Das British Council ist etwas ähnliches wie das Goethe-Institut, erteilt also Unterricht in Kultur und Sprachen. Ich war Englischlehrer.

1940 bis 1942?

Ja, so muß es etwa gewesen sein. Ich unterrichtete natürlich vor allem Palästinenser, aber auch ein ganzes Bataillon von polnischen Offizieren und Frauen, die in Palästina eine temporäre Zuflucht gesucht hatten. Es hat mir Spaß gemacht. Ich unterrichtete gern und habe mir auch eine gewisse Routine angeeignet. Es war ein System, nach dem man sofort die Sprache, die gelehrt wurde, sprechen konnte. Es hat gut funktioniert.

Dann bin ich ans Public Information Office gekommen. Das Public Information Office war so etwas wie das Informationsministerium. Natürlich sieht eine solche Institution in einem Mandatsland etwas anders aus. Es war dazu gemacht, die arabische und jüdische Bevölkerung im britischen Sinne zu beeinflussen. Sie gaben auch drei Zeitungen mit einem großen kulturellen Teil heraus: eine arabische, eine englische und eine hebräische, und ich war der Redakteur der englischen Nummer, habe also damals zum erstenmal auch Kritiken – zum Beispiel über »Finnegans Wake« – und einige Gedichte geschrieben. Meine ersten Gedichte waren in Englisch, eines war eine Stefan-George-Übersetzung, und im allgemeinen, muß ich sagen, war es eine interessante Zeit. Ich habe einen interessanten Krieg verbracht.

War der Krieg weit entfernt?

Nein, eben gar nicht. Er zog zunehmend näher. Er kam von Ägypten her nach El Alamein, und es war schon eine Bedrohung, daß er sich über Palästina erstrecken würde. Aber das tat er dann nicht. Die Panik brach also nicht aus. Er kam nicht bis zum Suezkanal.

Kulturell profitierten wir damals von den vielen Engländern, die, wenn sie auf Urlaub waren, nach Palästina kamen, um etwas Ruhe zu haben. Das waren zwar Offiziere, aber im Zivilberuf natürlich Universitätsprofessoren, Maler, Dichter, Schriftsteller, und damals habe ich eine ganze Menge davon kennengelernt, die nachher Freunde von mir wurden, als ich wieder in England war.

Die Nürnberger Kriegsverbrecherprozesse

Mit welchen Gefühlen, welchen Vorstellungen kehrten Sie dann 1946 nach Deutschland zurück? War das ein Ihnen vertrautes oder fremdes, fremdgewordenes Land?

Mit gar keinen eigentlich. Ich hatte keine Vorurteile. Es war auch mehr ein Zufall. Ich lebte in London und wollte eigentlich nun endlich malen.

Von Palästina aus waren Sie wieder nach London gegangen.

Ja, und ich wollte nun malen und Textilentwürfe machen, bis ein Freund von mir, ein Schauspieler, mich fragte, ob ich mal Lust hätte, das Dolmetschersystem auszuprobieren. Sein Freund, der Chefdolmetscher in Nürnberg, sei zu Besuch und hätte sich in der amerikanischen Botschaft eine Anlage aufgebaut, womit er Leute prüfen könnte, ob sie das Zeug zum Dolmetscher hätten. Ich ging hin, und er setzte mich in ein Zimmer mit Kopfhörern und einem Mikrofon. Durch die Kopfhörer hörte ich eine Hitler-Rede, durch das Mikrofon dolmetschte ich ins Englische, und das ging offensichtlich gut. Jedenfalls engagierte er mich als Dolmetscher. Erstens war es eine hochbezahlte Stelle, und zweitens war es mir auch um Erfahrung zu tun. Mich interessierte Deutschland ja doch, sowohl erneut als auch immer noch.

Als Sprachtest waren Hitler-Reden offenbar gut.

Offensichtlich ja. Da sie so rhetorisch waren, waren sie auch nicht allzu schnell. Und da man bei den Reden immer wußte, was das Verb am Ende schließlich sein würde, konnte man das Verb dann auch schon übersetzen, bevor es gekommen war, so wie ich mich erinnere.

Sie waren 1946 bis 1949 Beobachter und Dolmetscher bei den Nürnberger Kriegsverbrecherprozessen und haben später als Redakteur die Protokolle mitherausgegeben. Wenn ich so höre, daß Sie damals im

Grand-Hotel wohnten und ein eigenes Atelier zum malen hatten, klingt das, aus meiner Sicht, sehr abgehoben und fast friedlich. Wie haben Sie das erlebt damals?

Wir Dolmetscher hatten zwei Tage lang je anderthalb Stunden vormittags und anderthalb Stunden nachmittags und einen Tag dazwischen frei. An diesem mußten allerdings die Bänder kontrolliert werden, abgehört werden, auf Fehler geprüft werden. Aber wir hatten sehr viel Freizeit und brauchten sie auch, denn es war doch eine nervenaufreibende Tätigkeit, und daß man sich in dieser Freizeit gern entspannen und das Gehörte verdrängen würde – denn es wurde mitunter Furchtbares gesagt –, kann man sicher auch verstehen. Und da ich sowieso Künstler war, habe ich mir in meinem sehr großen Zimmer eine Kupferdruckpresse aufgebaut und habe Monotypien gemacht und gezeichnet. Aber ein Atelier war es nicht.

Ein Stück Gegentherapie.

Das war eine sehr wirkungsvolle Gegentherapie, und der Lohn ist mir eigentlich auch geblieben. Ich kann jetzt diese ganze Zeit gefiltert durch die künstlerische Tätigkeit betrachten. Vielleicht wäre sie sonst viel furchtbarer gewesen.

Sie haben die Meinung geäußert, daß die Mehrheit des deutschen Volkes bis 1944 von den Greueltaten in den Konzentrationslagern nichts gewußt habe. Ist das nach wie vor Ihre Überzeugung?

Ja, das ist meine Überzeugung immer gewesen, die Mehrheit wohlgemerkt. Das war meine Erfahrung. Ich lernte ja verhältnismäßig schnell viele deutsche Bürger kennen, und das war die Erfahrung, die ich machte. Man durfte also nicht, wie die meisten es taten, von den Angeklagten und deren Anwälten im Nürnberger Gerichtshof ausgehen, sondern eben von dem berühmten Mann auf der Straße, und davon gab es damals ja sehr viele.

Die das nicht wußten oder auch nicht wissen wollten …

Auch nicht wissen wollten, ja. Aber ich glaube, daß der Anteil derer, die es wirklich nicht wußten, größer war, als man gemeinhin annimmt, zum Teil auch durch Stumpfheit und mangelndes Interesse an den Gegebenheiten.

Wie beurteilen Sie denn die Zeit des Nationalsozialismus? Ist das ein abgeschlossenes, mit anderen Erscheinungen überhaupt nicht vergleichbares Kapitel, oder sehen Sie Zusammenhänge mit Entwicklungen, die es auch heute noch gibt?

Ich habe keine wirklich dezidierte Meinung darüber und hänge jeweils von den Büchern ab, die ich zuletzt darüber lese, die natürlich immer weniger werden. Aber es ist wohl schon eine einmalige Periode, und so wie es jetzt an uns herangetragen wird – in dem Film »Shoa« zum Beispiel – bekommen wir es doch auch als eine einmalige Periode bestätigt. Zur Zeit der Besatzungszugehörigkeit habe ich ja auch Dokumente, Gegenstände und vor allem Filme gesehen, die darauf hinwiesen, daß es so etwas in der Geschichte noch nicht gegeben haben mag. Ich habe tatsächlich Seife, aus menschlichem Fett gemacht, in der Hand gehabt, habe die Lampenschirme aus menschlicher Haut gesehen, an denen man Brustwarzen erkennen konnte. Diese Dinge gab es also, und heute frage ich mich auch, wie es möglich war, daß sie nicht damals noch mehr Eindruck auf mich gemacht haben. Aber ich kann es dann doch nur der Tätigkeit zuschieben, die ich daneben ausübte, der künstlerischen Tätigkeit, während der ich völlig abschaltete.

Die Figuren von damals

Eine große Abrechnung mit dem Nationalsozialismus haben Sie dann ja auch nicht geschrieben. Aber die Auseinandersetzung mit dieser Zeit zieht sich in Form von Erinnerungssplittern und feinen Nadelstichen durch Ihre Bücher, und diese Nadelstiche gehen unter die Haut. Zum Beispiel, wenn Sie schreiben, Vergaser, das sei auch einmal ein deutscher Beruf gewesen.

Habe ich das geschrieben?

Es steht in »Masante«, und ich denke, das waren Nachwirkungen von Nürnberg.

Ich würde sagen, das waren Nachwirkungen von Nürnberg. Dieser Satz ist ein sehr deutlicher Hinweis. Die vielen Nazi-Gestalten kommen natürlich immer wieder durch.

Die Häscher...

Wenn ich an mein Buch »Masante« denke, dann sind es tatsächlich die sogenannten Häscher, die ja wirklich nur ganz geringfügig verändert sind gegenüber Figuren, die ich kannte als Angeklagte oder Zeugen in Nürnberg. Ich könnte sogar Namen nennen, und einige der Namen sind existierenden Namen ja auch angepaßt. Aber es ist natürlich doch so, daß der Schriftsteller im Gegensatz zum Publizisten über die Sache direkt nicht schreibt, sondern bei ihm muß es eben durch lange Wege des Unbewußten gegangen sein, bis es in irgendeiner, wenn man so will, sublimierten Form wieder zu Tage tritt.

Theorie und Kritik sind kein Ersatz für Literatur, wie Sie mal gesagt haben.

Nein, sind sie auch nicht.

Nach Ihrer Zeit in Nürnberg haben Sie sich in Ambach am Starnberger See niedergelassen, waren zunächst als Maler und Grafiker tätig, und ab 1950 erschienen Veröffentlichungen von Ihnen, vor allem in der »Neuen Zeitung«, München. Wie sah denn das literarische Leben, das Kulturleben damals in München aus?

Ich weiß es gar nicht genau. Ich weiß es deshalb nicht, weil ich mental eigentlich immer noch Bildender Künstler war, und mein Verkehr in München, den ich schon hatte, als ich noch in Nürnberg war, beschränkte sich zum größeren Teil auf Maler und Mitglieder der Bildenden Künste. Das änderte sich erst, als ich selbst zu schreiben anfing und dann auch zum erstenmal zur Gruppe 47 kam, was im Jahre 1951 oder 1952 gewesen sein muß.

In diesem Jahr – 1952 – erscheinen Ihre Einzelveröffentlichungen ja dann auch als Buch. Das sind die »Lieblosen Legenden«, und 1953 erscheint der Roman »Paradies der falschen Vögel«. In beiden Werken haben Sie milden, manchmal auch beißenden Spott über Bildungsbürger und Kunstexperten ausgegossen, geheiligte Kulturgegenstände und scheinheilige Traditionspflege satirisch attackiert. Konnte das so souverän und mit leichter Hand nur jemand, der von außen kam und den Zusammenbruch Deutschlands nicht miterlebt hatte? Man hat ja von einem trockenen angelsächsischen Humor bei Ihnen gesprochen. Wie würden Sie das sehen?

Ich würde es schon so sehen. Die Tatsache, daß ich mich in diesen Satiren vor allen Dingen mit Auswüchsen der Kultur, des Kulturlebens befasse, ist wohl ein Hinweis darauf, daß die schwereren Dinge, also die Auswirkungen des Nationalsozialismus, zwar nicht an mir abgeglitten sind, aber daß sie in meinem Inneren keine so große Rolle spielten; daß ich sie abgestreift hatte und mehr dafür war, was sich in Satire ausdrücken ließ. Denn die Nazis und das Nazi-Reich ließen sich in Satire nicht ausdrücken. Der damalige Programmchef des Bayerischen Rundfunks, Walter von Cube, ließ es nicht zu, daß irgend etwas, was von den Nazis handelte, auch nur einen Anflug von Komik oder Satire enthielt. Er sagte: »Das war nicht komisch.« Und ich muß sagen, das habe ich mir auch zu Herzen genommen, und so empfand ich das auch. Aber es hat sich fortgezeugt, und die Figuren von damals kommen noch in allen meinen Büchern, also in allen meinen quasi autobiographischen Büchern vor.

1957 haben Sie sich dann von München verabschiedet und sind seitdem in Poschiavo in Graubünden zu Hause. Welches waren die Gründe damals für diesen Schritt?

Die waren in erster Linie seltsamerweise klimatisch. Meine Frau und ich hätten es am Starnberger See weiter ausgehalten. Aber das Klima war zu feucht für uns, und so haben wir schon vor 1957 mit Volkswagen und Detailkarten den südlichen Alpenrand abgesucht, zwischen Südtirol und Lago Maggiore, immer so im Herbst zwei Wochen und im Frühling zwei Wochen, und haben schließlich dieses hier gefunden. Ausziehen konnten wir erst, als Silvias Kinder die Schule verlassen hatten und anfingen zu studieren.

Ihre Frau brachte zwei Kinder mit, während Sie eigene Kinder nicht haben. Haben Sie das bedauert?

Nein. Ich war auch früher verheiratet gewesen und hatte schon damals beschlossen, auf keinen Fall Kinder in die Welt zu setzen.

Ich denke, wir werden auf die Gründe dafür noch kommen.

Ich nehme an, denn es sind meine Hauptthemen – und nicht erst geworden, seit ich aufgehört habe zu schreiben. Es waren sie eigentlich immer.

Das heißt, Sie wollten eigenen Kindern diese Welt noch weniger zumuten als anderen, die schon auf der Welt waren.

Ich bin sehr kinderlieb. Aber ich wollte die Verantwortung für eigene nicht übernehmen.

Ich bin ein Anhänger des Unbewußten

Ab Mitte der fünfziger Jahre gibt es jedenfalls den Bühnenautor Wolfgang Hildesheimer, der sich darum bemüht, seine Theaterstücke möglichst ohne logische Prinzipien aufzubauen und absurde Schicksale zu gestalten. Sie haben diese Konzentration auf das Absurde als Fortschritt für Ihr Werk bezeichnet. Können Sie das begründen?

Begründen ist vielleicht nicht das richtige Wort. Als Maler oder als Bildender Künstler war ich meinem ganzen Naturell nach Surrealist, und die Zeit, die ich in London auf der Kunstakademie war, war ja auch die Zeit, in der der Surrealismus sozusagen ausgereift schon einen Teil des künstlerischen Lebens beherrschte, nicht nur in der Bildenden Kunst, sondern auch in der Literatur, und mir schien das Absurde oder das Walten des Absurden eine Fortsetzung des Surrealismus zu sein.

Ich bin kein übermäßig großer Freund der Logik überhaupt oder der Dinge des Lebens, die sich durch Logik beweisen lassen. Ich bin ein Anhänger des Unbewußten und der Sprache des Unbewußten, und es war eigentlich natürlich, daß ich mich mit solchen Stücken befaßte, die ja letztlich, wenn man sie genau untersucht, Fortsetzungen der »Lieblosen Legenden« sind. Auch in den »Lieblosen Legenden« handelt es sich ja meist um das Absurde, und das strukturelle Prinzip der »Lieblosen Legenden« ist doch eigentlich das, daß sich ein Zustand immer mehr verstärkt, bis er sich nicht mehr verstärken kann und dann die Geschichte abbricht und nur noch die Katastrophe erahnen läßt.

Und in den »Lieblosen Legenden« sind es Einzelheiten, einzelne Züge, einzelne Personen. Im absurden Theater von Ihnen ist es ja doch fast die ganze Welt, die solche Züge angenommen hat.

Ja, die ganze Welt, an der es exemplifiziert wird. In den »Lieblosen Legenden« finden Sie einzelne Beispiele, Typen, die auch sicher Elemente von Personen haben, die ich kannte, und in den Theaterstükken waren es ganze Landstriche, die zugrunde gingen oder deren Untergang geplant war; es ging viel mehr in die Breite.

Gibt es denn, rückblickend gefragt, so etwas wie ein historisches Verdienst des absurden Theaters? Hat es seine Mission, das vernunftwidrige Schweigen der Welt, so ist es ja mal formuliert worden, zu inszenieren, hat es diese Funktion erfüllt?

Nein, das hat es nicht. Ich fürchte, daß Literatur eben keine Funktionen erfüllt. Die Funktion der Literatur – ich bin bestimmt nicht der erste, der das sagt – ist, den Leser oder das Publikum oder die Menschen bewußter zu machen, hinzuhören und Worte nicht nur als Worte, sondern tatsächlich als

Aktionen zu betrachten, und dazu reicht auch der Surrealismus nicht aus. Dazu reicht selbst die Psychoanalyse nicht aus. Die Kunst als Erziehungsfaktor hat immer versagt, obwohl ein Leben ohne sie undenkbar wäre. Vielleicht wäre alles noch wesentlich schlimmer, wenn es keine Kunst gäbe.

Die Literatur hat versagt

Nun gab es damals ja auch andere Ansätze: Während Sie absurde Theaterstücke schreiben, arbeitet zum Beispiel Rolf Hochhuth an seinem »Stellvertreter«, der 1963 uraufgeführt wird, und in der Zeitschrift »Merkur« haben Sie angemerkt, Hochhuths Stück verrate zu wenig von dem Versuch, über die Vergangenheit hinaus auch die Form zu bewältigen. Können Sie noch einmal erläutern, wie das gemeint war, auch im Blick auf Ihre eigene Theaterarbeit?

Nein, das kann ich, glaube ich, nicht. Mir ist auch diese Kritik an Hochhuth, an die ich mich erinnere, nicht mehr präsent. Aber ich fand eben wohl schon damals, daß die Literatur nicht ausreicht, um das Furchtbare der Vergangenheit zu bewältigen. Den Adorno-Satz, daß man nach Auschwitz keine Gedichte mehr schreiben kann, wobei ich im Augenblick den originalen Wortlaut nicht parat habe, würde ich allerdings abwandeln. Ich würde sagen:

Nach Auschwitz kann man nur noch Gedichte schreiben. Die Literatur hat versagt. Sie hat den Menschen nicht so darstellen können, wie er wirklich ist, und so müssen wir uns in der Kunst auf Phantasieprodukte werfen.

Das spreche ich jetzt eigentlich in Kladde. Es stimmt für die Literatur vielleicht nicht ganz. Die Literatur hat temporäre Verbesserungen und auch Verschlechterungen verzeichnet. Ich spreche damit natürlich allzusehr pro domo, denn in meinen augenblicklichen Werken versuche ich tatsächlich, Schönheit zu produzieren.

In Ihren Collagen.

In den Collagen, vor allen Dingen auch in den Zeichnungen, und ganz bewußt, weil es mir so scheint, daß das Furchtbare unserer Existenz, das natürlich vor allen Dingen in der Zukunft liegt, in künstlerischer Aktivität, in künstlerischen Produkten nicht mehr ausdrückbar ist.

Ich möchte trotzdem noch einmal auf den Aufsatz zurückkommen, in dem Sie sich mit Hochhuths Stück auseinandergesetzt haben, denn darin finden sich auch deutliche Anmerkungen zum Verhältnis von Kirche und Gewalt, die sich nicht nur auf die Zeit des »Dritten Reiches« beziehen. Man gewinnt den Eindruck, Papst und Kirche, das seien Reizwörter für Wolfgang Hildesheimer.

Nein, das waren sie eigentlich damals nicht. Ich hatte eine Periode, in der ich mich zum Katholizismus hingezogen fühlte, wobei ich jetzt denke, daß sich das vor allen Dingen auf ästhetische Dinge bezog, wie ja bei sehr vielen Künstlern. Diese Periode war aber damals vorbei, und ich bin antikirchlich geblieben, obwohl seitdem doch noch eine Figur gelebt hat, die mich ungeheuer beeindruckt hat, nämlich Papst Johannes XXIII. Ich war auch dabei, ein Buch über ihn zu schreiben, habe aber dann eingesehen, daß dazu meine Kenntnis der Sache, um die es geht, nämlich der Religionsausübung und der Liturgie, nicht ausreichte. Ich hätte sämtliche Enzykliken lesen müssen, und das war mir einfach zu viel Materialbewältigung. Aber die Figur hat mich ungeheuer angezogen, als ein Rätsel, und ich habe das Gefühl, daß die Kirche vielleicht anders geworden wäre, als sie jetzt ist, wenn Papst Johannes XXIII. weitergelebt hätte.

In welchen Aspekten könnte sie anders sein?

Das Konzil hätte sich auf andere Weise durchsetzen können, als es das jetzt tut. Jetzt wird es schrittweise rückgängig gemacht. Die Katholische Kirche findet zurück zum Konservatismus, zur Strenge, zur Härte, und das alles wäre vielleicht anders gewesen, wenn Papst Johannes XXIII. länger gelebt hätte. Ich kann Ihnen darüber wenig Bescheid sagen, denn ich habe mich mit den Dingen auch nicht so beschäftigt, wie ich es getan hätte, hätte ich das Buch geschrieben. Es existiert ja ein Kapitel davon unter dem Titel »Exerzitien mit Papst Johannes«.

Für mich war das Medium erschöpft

Bevor wir auf den Erzähler Wolfgang Hildesheimer kommen, möchte ich noch einen anderen Arbeitsbereich von Ihnen ansprechen: Sie haben auch Erfahrungen mit dem Hörfunk gemacht, Funkopern konzipiert, »Das Ende einer Welt«, zusammen mit Hans Werner Henze, schon 1953. Sie haben Hörspiele geschrieben, »Herrn Walsers Raben« aus dem Jahre 1960 ist vielleicht das bekannteste geworden. Gab es spezifische Qualitäten dieses Mediums Hörfunk, die Ihrer Arbeit entgegenkamen?

Sie kamen meiner Arbeit nicht entgegen. Ich habe sie im Zuge meiner Arbeit eigentlich erst entdeckt.

Aber dann auch genutzt.

Ja, dann habe ich sie auch benutzt. Meine frühen Prosastücke neigten ja immer zum Dialog. Es waren Dialoge, die zwar die Einheit der Zeit hatten, aber nicht die des Ortes, und ich habe mir überlegt, daß es eigentlich eine interessante Aufgabe wäre, Dialoge zu schreiben, die alles Sichtbare, alles Bühnenhafte vermeiden oder schon in sich tragen, so daß die Bühne nicht mehr nötig ist, und danach sind meine Hörspiele auch konzipiert, und so sind sie eigentlich auch alle. Zwei oder drei davon wurden nachher zu Bühnenstücken verarbeitet. Aber ein Gewinn war das nicht. Sie haben dadurch nicht an Substanz gewonnen. Ich habe sehr gerne Hörspiele geschrieben, habe dann für mich schließlich das Medium erschöpft und könnte es heute nicht mehr.

Seit 1962, seit den »Vergeblichen Aufzeichnungen«, vertrauen Sie sich wieder einem Erzähler an, der sich allerdings nicht direkt mit der Welt auseinandersetzt, sondern eher einen Monolog hält. »Mir fällt nichts mehr ein«, lautet der erste Satz der »Vergeblichen Aufzeichnungen«, und das klingt wie ein Programm, wie eine Perspektive, die ein künftiges Verstummen nicht nur des Erzählers, sondern vielleicht auch des Autors Wolfgang Hildesheimer fast schon erwarten läßt.

Ja, so war es auch gemeint. Erstaunlicherweise ist mir dann doch noch etwas eingefallen. Ich habe ja in diesem Prosatext alle Möglichkeiten der Einfallslosigkeit durchgespielt, indem ich Vorkommnisse abhandle, über die es sich nicht mehr, scheinbar nicht mehr, zu schreiben lohnt. Ich habe danach natürlich dann noch zwei Prosawerke geschrieben, die ich selbst nicht Romane nennen würde; es sind Monologe, in denen das Ich zwar mein potentielles Ich ist, aber natürlich sind die Erfahrungen, die dieses Ich macht, nicht meine eigenen Erfahrungen. Sie klingen zwar an. Aber sie sind es nicht in Wirklichkeit. Dazu sind die Bücher auch wieder zu absurd. Ich erfahre ja das Absurde nur geistig und nicht im täglichen Leben.

Tynset

Wir sind also schon bei »Tynset«, dem Höhepunkt Ihrer Erzählkunst, wenn man Helmut Heißenbüttel, Walter Jens und einigen anderen trauen darf. Es gab aber auch kritische Stimmen zu diesem Buch aus dem Jahre 1965; es hieß, Wolfgang Hildesheimer habe sich weltschmerzbewegt an die Klagemauer gestellt. Wie kamen Sie denn zu »Tynset«, und wie sehen Sie dieses Werk heute?

Zu der Klagemauer-Sache ist natürlich folgendes zu sagen: Das hat ein von mir äußerst geschätzter Kritiker geschrieben, Reinhard Baumgart, der mir später sagte, er hätte sich leider geirrt. Man irrt sich ja manchmal, und das tat mir wirklich leid, nicht, weil es nun anders dokumentiert war, sondern weil ich Baumgart als Kritiker ungeheuer schätzte und immer noch schätze. Es war vor allen Dingen viel vom Abschied vom Humor die Rede, und ich merkte schon selbst, daß das eine Zäsur gewesen war. Aber ich hatte auch das Gefühl, daß ich tatsächlich etwas gesagt hatte, und ich habe noch ein sehr starkes Verhältnis zu diesem Buch. Ich habe es mir nicht einfach gemacht, aber natürlich habe ich in »Tynset« und »Masante« Bücher konstruiert, in denen viel Erzählmaterial unterzubringen war, indem sie beide sozusagen eine Rondo-Form haben: Der Ich-Erzähler ist das Zentrum und schweift immer ab und erzählt diese Geschichte.

Das heißt, sich dem Bewußtseinsstrom und den Assoziationen einer frei fließenden Prosa zu überlassen, muß nicht bedeuten, auf Strukturprinzipien zu verzichten, denn »Tynset« ist ja ein nach musikalischen Prinzipien gebautes Werk, ein sehr streng gebautes Werk.

Ja, »Tynset« hat wirklich eine Rondo-Form, das heißt, das Rondo, das Grundthema des Rondos ist das Schreckliche, das Furchtbare, das der Ich-Erzähler vergessen will und das, wenn man so will, ich als Wolfgang Hildesheimer vergessen will. Und immer wenn dieses Thema, wenn die furchtbare Gegenwart oder die furchtbare Vergangenheit näher heranrücken, transportiert durch das erzählende Element, werden sie wieder abgestoßen, und er erzählt sich eine neue Geschichte.

Und das Schreckliche, das Sie genannt haben, hat das einen Namen oder viele Namen?

Über die Namen bin ich mir nie klar geworden. Aber ich meine, es hat sowohl einen als auch viele Namen.

Der eine Name ist eben einfach, daß das Furchtbare der Welt sich nicht nur im Humanen, sondern in allem nähert, und das vielfache Element sind die Figuren, die das Unheil herbeiführen.

Der Name »Tynset« jedenfalls ist dem Kursbuch der norwegischen Staatsbahnen aus dem Jahre 1963 entnommen, aber auch andere Orts-, Familien- und Firmennamen, die sich durch dieses Buch und durch andere Bücher ziehen, klingen nicht danach, als ob sie einfach aus der Luft gegriffen seien, sondern sie klingen bei Ihnen immer bedeutsam und symbolisch. Woher beziehen Sie denn Ihre Namen?

Es macht mir einen großen Spaß, Namen zu erfinden und sie der Wirklichkeit anzugleichen, nicht etwa durch Gleichstellung der Buchstaben, sondern durch gewisse assoziative Gänge, die ich selbst vollziehe. Namen suchen ist ja etwas sehr Schwieriges. Hier suggerieren sie genau die Leute, die ich meine. Das kann natürlich auch schiefgehen. Wenn Sie einen phantastischen Namen sehen und denken, also den möchte ich mal unterbringen, und Sie bringen ihn unter, ist das ein ganz großer Fehler, denn die Namen sind viel banalere Elemente, als man denkt. Wenn ich auf einer Straße gehe und den Namen Lotterhos sehe, dann wäre es völlig falsch, ihn einfach zu benutzen, denn benutzt sieht er ganz anders aus.

Hat es Ihnen mal Schwierigkeiten gemacht, irgendwelche Namen, bestimmte Namen zu verwenden?

Nein.

Gerichtsprozesse gab es also nicht.

Nein, Gerichtsprozesse gab es nicht. Aber wenn ich vorgreife, mein Buch »Marbot«, das ja eine fiktive Biographie ist, hat Illustrationen, und die Illustrationen sollen Mitglieder der Familie Marbot darstellen; in Wirklichkeit stellen sie aber andere Personen dar, und ich hatte schon mal eine Streitigkeit mit einer Tischdame – es handelte sich um die Prinzessin von Hessen bei Rhein –, die entdeckt hatte, daß die Dame, die ich als Lady Catherine Marbot in meinem Buch hatte ...

Marbots Mutter und Freundin ...

... daß das eine Dame der Gesellschaft in Edinburgh zu dieser Zeit war – was ich wußte – und eine Verwandte dieser Prinzessin von Hessen bei Rhein, die eine Schottin war. Es handelt sich um ein wunderbares Bild von Sir Henry Raeburn und paßt für meine Figur wie angegossen. Ich weiß nicht, ob sie es mir wirklich übelgenommen hat. Es war kein Grund, es übelzunehmen, denn es handelt sich ja bei Lady Catherine nicht um eine unsympathische Figur, es handelt sich um eine wunderbare Figur.

Aber es ist doch ein anderer Fall als in »Tynset«, und es liegt so ein Hauch von Fälschung, der ja auch über dem ganzen »Marbot«-Buch liegt, sicher auch über diesem Mißverständnis.

Ja.

»Lies keine Oden, mein Sohn, lies die Fahrpläne; sie sind genauer«, hat Hans Magnus Enzensberger 1962 – Sie werden sich erinnern – »ins Lesebuch für die Oberstufe« geschrieben. Haben Sie daran gedacht, als Sie mit »Tynset« beschäftigt waren?

Daran gedacht habe ich nicht. Aber ich hätte das, was er damals schrieb, unterschrieben. Heute unterschreibe ich es eigentlich nicht mehr. Lies keine Fahrpläne, würde ich heute sagen, lies Oden.

Aber Sie sammeln Kursbücher.

Ja, Kursbücher haben für mich auch ein Element der Fiktion. Für mich existieren diese Orte ja eigentlich gar nicht, nur in meiner Phantasie, bis ich doch an diesen oder jenen Ort gereist bin, um dann natürlich so enttäuscht zu sein, wie ich es auch in »Tynset« war, als ich es zum erstenmal sah, was wohlgemerkt nach dem Roman erst geschah.

Sie haben es sich aber zugemutet in der Wirklichkeit?

Ich hab's mir dann zugemutet. Es konnte nichts mehr passieren. Es ist eine schöne Gegend, und andere Gegenden, die in dem Buch vorkommen, waren auch in der Tat sehr schön, nur »Tynset« war erschreckend prosaisch.

Ist denn der Ich-Erzähler in »Tynset«, der mit Fahrplänen und Telefonbüchern hantiert, ein Verwandter des »Homo faber«, den Max Frisch 1957 in seinem gleichnamigen Roman als Prototyp des rational-technischen Zeitalters entworfen hatte?

Nein, mit ihm hat er keinerlei Ähnlichkeit. Ich erkenne überhaupt keinerlei Ähnlichkeit irgendeines Ich-Erzählers bei mir mit irgendeiner anderen Figur, außer mit mir selbst.

Vorliebe für die Nacht

Ihre Helden, ich weiß nicht, wie es bei Ihnen selber ist, sind meist schlaflos, nicht nur in »Tynset«. Sie leiden unter ihrer Schlaflosigkeit, profitieren auch davon, sind Nachtgewächse. Mit dem Tageslicht können Sie jedenfalls in den wenigsten Fällen etwas anfangen. Was steckt dahinter?

Ich bin oder war ein schlechter Schläfer und habe wohl auch einen Hang zu all den Eigenschaften gehabt, die ich meinen Helden andichte. Ich bin in Wirklichkeit natürlich nicht kontaktarm. Aber es gibt Situationen, in denen ich mir überlege, daß ich vielleicht zu kontaktreich bin, nicht wahr. Ich versuche in der Tat, seit ich angefangen habe, ernsthafte Bücher zu schreiben, viel abzustreifen. Vom Abstreifen handeln diese Bücher ja auch zum Teil, von einem Drang nach Freiheit, nach Ungebundenheit, und das macht sie, wenn man so will, ich möchte nicht gerade trostlos sagen, aber doch sehr pessimistisch.

Heißt das, daß Sie beim Schreiben, im Zuge des Schreibens auch Ballast abgeworfen haben?

Ja, absolut. Ich bin zwar nicht der Meinung, daß man sich freischreibt, daß das Schreiben einen mental verändert, es irgendeine pädagogische – höchstens eine prophylaktische vielleicht – oder befreiende Wirkung hat. Aber in der Tat habe ich mir in »Tynset« und noch mehr in »Marbot« viele Sachen vom Leibe geschrieben, die ich seitdem abgestreift, und zwar nicht verdrängt, sondern tatsächlich vergessen habe.

Wir sind noch bei der Nacht – der tragischste Nachtwandler aller Zeiten, haben Sie gesagt, sei Hamlets Vater beziehungsweise der Geist von Hamlets Vater. Das Hamlet-Motiv zieht sich ja nicht nur durch »Tynset«, sondern durch Ihr gesamtes Werk. Was fasziniert Sie denn so an Hamlet?

An Hamlet fasziniert mich vor allen Dingen sein Verhältnis zur Realität, sein sehr stark gebrochenes Verhältnis zur Realität, und sein Zögern, das Zaudern – Hamlet ist eben doch für mich der Prototyp des Cunctators, der Dinge sich ausmalt und sie dann nicht tut, und so ist es in mir auch. So sehe ich mich selbst ein wenig, auch immer beherrscht von einem gewissen Schuldgefühl, daß ich nicht aktiv eingreife, und darin besteht meine Identifikation mit Hamlet.

Das ist ja die alte klassische Goethe-Interpretation: eine große Tat auf eine Seele gelegt, die dieser Tat nicht gewachsen ist.

Dieses Zitat kannte ich nicht. Aber darauf wird es wahrscheinlich hinauslaufen. Nun hat »Hamlet« überhaupt für mich eine besondere Faszination, das Drama in seiner ganzen Struktur und eben auch diese Figur, die sich nicht entschließen kann, die in gewisser Weise eine Art Oblomow ist, worin ich mich auch zum Teil erkenne.

Also schläft, schlafwandelt nicht nur Hamlets Vater, sondern auch Hamlet.

Ich erinnere mich jetzt an Hamlets Vater, wie ich ihn behandelt habe, nicht mehr genau. Soweit ich mich erinnere, ist er eher eine negative Figur, und ich habe ja auch Hamlet so umgedeutet, daß er diesen Vater gar nicht mochte. Für mich spielt bei Hamlet immer auch das inzestuöse Element eine Rolle, wobei ich bei mir selbst gar nicht weiß, woher es kommen sollte, denn ich hatte keine inzestuöse Beziehung zu meiner Mutter.

Man muß sie ja nicht in der Realität, man kann sie auch in der Phantasie haben.

Und Hamlet hat sie auch in der Realität nicht. Bei Hamlet sind Phantasie, Einbildungskraft und Realität weit getrennt, und das ist bei mir auch so. Ich lebe auch zum großen Teil in meiner Phantasie – ein Leben, an dem wahrscheinlich keiner teilhat.

Und was bedeutet die Nacht für Sie persönlich? Gehören Sie auch zu den Nachtwandlern? Bei irgendeiner Gelegenheit, berichtet Hans Werner Richter, sollen Sie die Schlafanzughose anbehalten haben; ich meine, es sei bei einer Preisverleihung gewesen.

Ja, das muß bei der Verleihung des Literaturpreises der Bayerischen Akademie der Schönen Künste gewesen sein, den ich, wie man mir klarmachte, wohlgemerkt nicht für »Mozart«, sondern für »Marbot« erhielt. Ich habe Hans Werner Richter diese Geschichte nicht geglaubt – ich habe sie auch gelesen –, bis ich später einen Film von der Veranstaltung selbst sah, in dem ich tatsächlich mit merkwürdig steifen Schritten auf den Präsidenten zugehe, um den Preis in Empfang zu nehmen, und da dachte ich mir, das muß wohl die Pyjamahose gewesen sein. Ich glaube aber nicht, daß das unbedingt etwas mit meiner Vorliebe für die Nacht zu tun hat.

Wir sind nirgends zu Hause

In Ihren Werken gehen Sie oft von einem topographischen Punkt aus, einem Ort, einem Haus, einem Zimmer, andererseits habe ich den Eindruck, daß Sie in dieser Welt nicht zu Hause sind. Wie verhält sich das zueinander?

Ich bin zwar in dieser Welt, wenn man so will, nicht ganz zu Hause, aber natürlich habe mich in ihr doch eingerichtet, und topographisch und atmosphärisch stimmt bei mir immer alles ganz genau. Es gibt keinen einzigen Ort, der nicht erlebt ist...

In Ihren Büchern.

... in meinen Büchern, den ich nicht kenne, den ich allerdings dann neu einrichte und mit Dingen ausstatte, die ich für meine Fiktion brauche. Da bin ich ganz dezidiert. Ich könnte Ihnen wahrscheinlich alle Orte, die ich beschrieben habe, genau erklären und Ihnen sagen, wo sie sind, entweder tatsächlich in der Geographie, oder die Mischung, aus denen sie bestehen, klarmachen.

Aber die Heimatlosigkeit haben Sie als die eigentliche Quelle Ihrer Kreativität bezeichnet. Steckt darin auch ein Stück Judentum?

Darin steckt wohl auch ein Stück Judentum, muß wohl darin stecken, ich analysiere es nicht. Aber die

Heimatlosigkeit bedeutet nicht, daß ich nicht sehr stark an Atmosphäre, an Räume, an mir gemäße Landschaften gebunden bin.

Es sind eher zwei Pole. Heimatlosigkeit ist ja, wie Sie einmal geschrieben haben, auch ein Teil der Problematik des modernen Menschen insgesamt, also nicht nur des jüdischen Empfindens.

So würde ich es sehen. Ich sehe ihn auch als unbehaust. Aber ich möchte zwischen der Unbehaustheit der anderen und mir einen großen Grenzstrich ziehen. Sie beruht wahrscheinlich auf ganz anderen Dingen. Aber wie Sie schon erwähnten, vielleicht kommt da, ohne daß ich es weiß, mein Judentum heraus. Wir sind nirgends zu Hause.

Das Bessere im Menschen, an das ja so viele glauben, sei immer noch schlimm genug, heißt es in »Tynset«. Ist das eine anthropologische Aussage?

So weit würde ich gar nicht gehen, das ist eine sehr allgemeine Aussage, und es ist ja schließlich nicht meine Aussage, sondern sie macht irgendeine meiner Figuren, die natürlich mehr oder weniger mit meinem Munde spricht.

Jedenfalls geht daraus hervor, daß Sie an das Gute im Menschen, so wie es denn hingestellt wird, nicht bereit sind, naiv zu glauben.

So ist es wohl, ja.

Bald nach »Tynset« haben Sie mit der Arbeit an dem Buch »Masante« begonnen. Es erschien 1973, wiederum kein Roman, sondern ein Monolog und die Umkehr des epischen Prinzips, denn der Erzähler, der Welt schaffen, Handlung entwerfen soll, so verlangt es ja der traditionelle Roman, schafft sich bei Ihnen in »Masante« selber aus der Welt.

Ja, das tut er wohl, obgleich ich immer empfunden habe, daß »Masante« doch mehr Roman ist als »Tynset«, weil noch andere Figuren darin vorkommen. In »Tynset« kommt nur die Haushälterin Celestina vor in einer Szene, und sie redet auch nicht. In »Masante« entstehen immerhin an zwei, drei Stellen Dialoge, und so habe ich mich dem nicht entgegengestellt, wenn jemand gesagt oder in einer Kritik geschrieben hat, daß es sich um einen Roman handelt.

Und Ihren Erzähler, das haben Sie selber gesagt, haben Sie bei Gelegenheit dieses Monologs oder dieses Romans in die Wüste geschickt, an den Rand der Welt.

Ich wollte mich des Erzählers berauben, denn ein drittes Buch, in dem ich die Hauptfigur bin, hätte ich wahrscheinlich gar nicht ertragen, und das hätte auch mein Leben nicht hergegeben. Ich habe es bis in die letzten Erlebnisfähigkeiten abgeschöpft.

Das heißt, der Stoff ist ...

Der Stoff ist mir ausgegangen, und dann war diese Wüste, die ja nun tatsächlich in dem Buch existiert, genau der richtige Ort, topographisch gesehen, wo ich aus einem Sprichwort die Wahrheit machen konnte: jemanden in die Wüste schicken.

Sie kehren an den Sandstrand sozusagen zurück, wo Sie aufgebrochen waren in den »Vergeblichen Aufzeichnungen«.

Daran hatte ich nicht gedacht. Aber es stimmt.

Der Monolog »Masante« entstand in einem Bauernhaus gleichen Namens, das bei Urbino in Italien liegt und in dem von 1968 bis 1978 Ihr zweiter Wohnsitz war. Verbindet sich etwas für Sie mit diesem Ort in der Erinnerung?

Sehr viel, weil wir dort sehr gern waren und ich da sehr gut gearbeitet habe. Das ist sechs Kilometer von Urbino entfernt. Der Bauernhof heißt Cal Masante, und er ist verbunden mit einer bukolischen Landschaft, einer Atmosphäre, die ich sonst nicht kannte, mit sehr sympathischen Leuten und vor allen Dingen mit Arbeit. Ich habe dort ziemlich viel geschrieben. Ich habe Teile von »Masante«, große Teile von »Mozart«, meine »Mary Stuart« und zwei Hörspiele dort geschrieben.

Es wird aber berichtet, und das dürfte Ihnen im Hinblick auf »Mozart« gefehlt haben, daß es in Cal

Masante kein Klavier und in Urbino keine Musikbibliothek gab.

Das ist der Fall, ja.

Das Besondere der Musik

Wem verdanken Sie eigentlich Ihre Aufgeschlossenheit und Ihren enormen Kenntnisreichtum auf dem Feld der Musik, die ja in Ihrem Leben eine fundamentale Rolle gespielt hat?

Ja, das weiß man eigentlich nie, wem man es dann schließlich verdankt; mein Vater war musikalisch, meine Schwester ist es . . .

Sie selber?

Man verdankt es vermutlich sich selber, oder es ist Teil einer Erbmasse, wenn ein Großvater oder Urgroßvater musikalisch gewesen ist. Wir wurden jedenfalls mit Musik aufgezogen. Es war selbstverständlich, wie in allen gutbürgerlichen jüdischen Familien, daß man Musikunterricht bei den besten Lehrern der Stadt hatte, in der Odenwaldschule dann dort bei den besten, und daß man mit einem gewissen Alter ein Konzertabonnement geschenkt bekam, und so war das auch bei uns, und ich war einer von denen, von den vielen, die darauf ansprangen.

Haben Sie auch eigene Instrumente gespielt?

Ja, ich habe eine Zeitlang Violine und Klavier gespielt, in Mannheim noch Klavier, in der Odenwaldschule dann Violine und habe es nicht sehr weit gebracht. Ich habe es, in eigenen Instrumenten, gerade bis zu Mozart-Sonaten gebracht und dann nicht mehr weitergemacht; nicht weil ich etwa gedacht hätte, nun sei Vollkommenheit erreicht, sondern ich war tatsächlich zu faul und wollte eben daneben auch malen.

Sie haben sich der Musik ja dann auf anderen Wegen genähert. Worin besteht eigentlich das ganz andere der Musik etwa im Vergleich zur Bildenden Kunst oder zur Literatur, das Besondere der Musik? Darüber haben Sie ja sehr häufig geschrieben.

Musik besteht ja vor allen Dingen darin, daß sie als solche kein Thema hat, daß man sie, wie in der Oper, einem Thema anpassen und dann menschliche Empfindungen in Musik ausdrücken kann. Aber Musik ist natürlich die abstrakteste, die am meisten vom Menschen losgelöste und daher wohl auch am schwersten verständliche Sprache in den Disziplinen der Kunst.

Und sie hat einen hohen Grad an Subjektivität.

Das hängt von der Epoche ab, zur Zeit der Romantik wohl mehr als später in der Hochklassik. Aber natürlich ist jede gute Musik eine persönliche Sprache, wobei ich wohlgemerkt »gut« betonen möchte, denn in Wirklichkeit, wenn man so will, ist ja Musik etwas Entsetzliches, außer sie stammt von fünf oder zehn Komponisten, die eben gut sind. Wenn Sie so hören, was sonst noch zu den Zeiten, wo andere groß waren, geschrieben wurde, dann möchte man die Musik überhaupt vergessen.

Ich habe eine Ihrer Äußerungen aber auch so verstanden, daß Musik von ihrem Schöpfer gerade nicht losgelöst ist.

Ist sie auch nicht. Daß sie subjektiv ist, daß sie eine subjektive Sprache spricht, bedeutet nicht, daß sie etwas über den Charakter oder über die Befindlichkeit der Person verrät. Das tut sie nicht.

Musik hatte ja noch im 18. Jahrhundert eine ausgeprägte soziale Komponente. Sie war breites Kommunikationsmittel und hatte als Ersatz für das Gespräch Mitteilungscharakter. Ist davon etwas geblieben?

Davon ist bestimmt etwas geblieben, obwohl heute das Ressort der Mitteilungen so groß geworden ist, daß wir gar nicht mehr wissen, welche Rolle darin der Musik zugeeignet wäre. Heute gehen wir ja vom emotionalen Element aus, und das Konzert ist für die meisten Leute wie eine Pause der Erholung zwischen Arbeiten. Es hat einen anderen Charakter bekommen. Damals, als Musik noch eine Funktion hatte, wie zum Beispiel Kirchenmusik, fragte man auch nicht nach der Qualität. Man fragte sich nicht, ob dies ein gutes oder ein schlechtes Stück ist. Musik hatte ihre Funktion. Sie war eine Mitteilung, und sie war – zumindest in bestimmten Kreisen, in bestimmten Ländern – etwas absolut Selbstverständliches.

Und sie hat diesen Charakter trotz der viel größeren Möglichkeiten zur Verbreitung weitgehend verloren?

Den hat sie verloren, ja.

»Musik bespült die Gedankenküste«, diesen Satz von Karl Kraus haben Sie in mehreren Ihrer Aufsätze, wenn auch nicht zustimmend, zitiert. Worin liegt denn das Mißverständnis in diesem Satz?

Es ist kein Mißverständnis. Ich weiß, wie es gemeint ist, und kenne sogar Leute, die ein schlechtes Gewissen haben, daß sie Musik überhaupt ausüben, weil sie eigentlich theoretisch dieser Bemerkung von Karl Kraus beipflichten. Ich pflichte ihr nicht bei. Musik mag die Gedankenküste bespülen. Aber ich bin nicht der Ansicht, daß die Gedankenküste immer bespült zu werden braucht, und ich meine, daß wir, wenn wir schon von Gedankenküsten reden, auch ruhig eine Gefühlsküste haben könnten, wo die Musik eben doch sehr am Platz ist.

Mozart – ein genialer Mensch?

Aus einem Vortrag im Mozart-Jahr 1956, den Sie mehrfach ergänzt, aber auch korrigiert haben, ist Ihr aufsehenerregendes Mozart-Buch entstanden, das 1977 erschien. Ging es Ihnen um Mozart oder um das, was die Biographen aus ihm gemacht haben?

Eigentlich ging es mir um beides. Wenn man anfängt, sich mit Mozart zu beschäftigen, hat man außer der Musik die Biographie, und diese Biographie prägt natürlich das Bild der Persönlichkeit Mozart, wenn man jung ist, und erst später kommt man darauf, daß es so, wie er beschrieben ist, nicht gewesen sein kann, da sich auch die Biographen widersprechen. Und vor allen Dingen gewöhnt man sich daran, diese Klischeevorstellungen, die Topoi, die in allen Biographien erscheinen und von einer in die andere übernommen werden, wirklich sehr kritisch zu sehen, und hat den Wunsch, sie abzuschaffen und sie durch die Wahrheit zu ersetzen, die natürlich mitunter dann subjektiv, aber desto echter sein kann. Mein »Mozart« ist ein Buch einer absoluten Überzeugung, womit ich natürlich nicht behaupten kann, daß alles stimmt.

Es ist eine Konfession.

Es ist eine Konfession, ja, zum Teil.

Mozart steht für den Typ des modernen Künstlers, der in solcher Unbedingtheit hier vielleicht zum erstenmal auf den Plan tritt, und er steht für das Genie, das Sie ganz entschieden vom Scheingenie abgrenzen.

Das sind nun zwei ganz verschiedene Dinge, über das Scheingenie mag man streiten, nicht wahr. Aber, da mein Buch schon so subjektiv war, habe ich gedacht, warum nicht noch subjektiver, und ich entlarve bei dieser Gelegenheit das Scheingenie, und wer es akzeptiert, der soll es eben akzeptieren. Aber Mozart selbst habe ich ja nicht in irgendeiner Weise verabsolutiert und habe auch niemals, wie es in vielen der Rezensionen hieß, ihn etwa entmythologisiert. Bei Mozart gibt es nichts zu entmythologisieren. Die Mythen sind die Biographien, die über ihn geschrieben wurden. Ich habe Mozart eben so dargestellt, wie ich ihn mir vorstelle, nicht anders, und das habe ich auch im Anfang des Buches zu betonen versucht.

Jedenfalls haben Sie, um noch einmal auf den Begriff »Genie« zurückzukommen, Adorno darin recht gegeben, daß wir ohne einen solchen Begriff nicht auskommen, was für die Vergangenheit zutreffen mag, siehe Mozart, siehe andere. Sehen Sie denn, nur am

Rande gefragt, auch noch ein lebendes Exemplar dieser Gattung?

Ja. Ich sehe lebende Exemplare dieser Gattung.

Würden Sie Namen nennen?

Wenn ich Namen nenne, dann kriege ich natürlich mit einigen Leuten Streit. Aber ich würde sagen, daß zum Beispiel eine Figur wie der Zeichner Horst Janssen, der in seiner Ungezügeltheit auch vielleicht persönlich Mozart nahekommt, ein genialer Mensch ist. Ich könnte auch, das wäre ein anderes Gespräch, beweisen, was ich meine, wo das, was ich genial, Genialität nennen möchte, einsetzt. Aber er ist einer. Ich würde auch noch sagen, Picasso war ein einsames Genie, eine völlig andere Art natürlich.

Er lebt nicht mehr, aber er wirkt.

Er wirkt noch, und ich meine, es muß heute schon eine ganz andere Art von Genie sein, weil die Umstände, die es prägen, natürlich ganz andere sind. Aber in seiner Monomanie ist Janssen als Typus dem Mozarts verwandt.

Und ein Scheingenie in dem Sinne, daß er sich dauernd um sich selbst und um die Zuwendung seiner Mitwelt kümmert, wäre er sicher nach Ihrem Verständnis auch nicht.

Das Scheingenie ist doch vielleicht etwas, was auf die Literatur beschränkt bleibt, weil die Selbstbetrachtung, die Art der quälenden und den Leser quälenden Selbstbetrachtung doch eine Sache der Literatur ist und diese Ich-Bespiegelung in den anderen Künsten nicht so evident, so penetrant sein mag. Gut, Horst Janssen soll zu seinem 50. Geburtstag ein Buch zusammenstellen mit 50 Selbstporträts. Es werden 150 daraus. Aber erst einmal sind sie keineswegs geschmeichelt, und das ist auch keine Projektion des eigenen Ichs auf die Umwelt, sondern einfach eine Notwendigkeit für ihn, diese Porträts gezeichnet zu haben. Aber, wie gesagt, das ist ein anderes Gebiet.

Sie haben nicht nur unter Hinweis auf Mozart, sondern auch auf Bach gesagt, daß Glück und Genie sich ausschließen. Gilt das ohne Ausnahme?

Ja, ich würde auf jeden Fall sagen, daß intensive Ausübung des Künstlertums, also wirklich penetrante Kreativität, ausschließt, daß man der Produktion jemals richtig froh wird und sich glücklich zurücklehnt und sagt, das habe ich geleistet. Vielleicht kann man mir widersprechen. Vielleicht war Picasso ganz anderer Meinung. Ich weiß nicht, ob es im Leben eines solchen Menschen einen Moment gibt, wo er sich wirklich zurücklehnt und sagt, ich bin glücklich, denn glücklich ist man ja eigentlich, wenn überhaupt, immer nur gewesen. Man reflektiert die Momente, in denen man es war. Der Moment der

glücklich ist man: „immer nur gewesen“.

Einsicht, daß man glücklich ist, schließt eigentlich schon die Vergangenheit in sich ein. Dann ist's schon vorbei.

Erinnern Sie sich an solche Momente des Glücks?

Ja, sehr stark. Ich erinnere mich an solche Momente des Glücks sehr stark und auch später an Momente, in denen ich es war und nicht einsah; das waren Momente der intensiven Arbeit an einer Collage, nie an etwas Geschriebenem, sondern an einer Collage oder an einer Zeichnung, wo ich das Gefühl hatte, wenn ich mich überhaupt von außen sehen könnte während dieser intensiven Arbeit, daß ich eigentlich jetzt glücklich bin, so etwas zu machen, und daß es mir gelingt, die Außenwelt zu vergessen.

Je heller der Stern des Genies leuchtet, mag er auch ein unglücklicher sein, desto ausgeprägter ist offenbar die Tendenz, Unpassendes und Irritierendes im Dunkeln zu belassen. Unausgesprochen wurde Ihnen ja auch entgegengehalten, Sie hätten Mozart als einen schmutzigen oder unreinen Menschen dargestellt.

Das ist natürlich absurd. Das ist mir völlig unverständlich, und ich bin fest davon überzeugt, daß die Leute und die Institutionen, die mein Mozart-Buch ablehnen, und dazu gehört das Mozarteum, es aufgrund eines Vorurteils ablehnen oder aufgrund eines mißverstandenen Begriffes der Subversion. Es ist nichts da, was Mozart schmutzig machen sollte oder was Mozart überhaupt menschlich schaden würde. Nur, natürlich setzt meine Biographie voraus, das habe ich auch auf den ersten sieben Seiten des Buches betont, daß man eine Ahnung hat von Psychoanalyse oder von dem zumindest, was sie impliziert: daß nämlich die allgemeinen Begriffe von gut und schlecht nicht gelten, sondern daß sie anders bewertet werden. Das muß man allerdings vollziehen, das versuche ich vom Leser zu verlangen. Aber wie es eben so ist, viele Leser haben diese ersten Seiten nicht gelesen oder nicht verstanden, in denen ich auch geschrieben habe, daß es ein subjektives Buch ist. Es gibt keine Objektivität in der Biographie.

Jeder ist ein Mikrokosmos für sich selbst

Aber noch einmal zurückgefragt, vielleicht auch provozierend: Bringt es uns weiter, wenn wir Mozarts analerotische Freuden, seine Begeisterung für dieses Gebiet kennen oder wenn wir in einem Aufsatz von Ihnen erfahren, daß Kant jeden Tag masturbierte, um einen klaren Kopf zu haben.

Ich finde das hochinteressant. Ich finde das absolut hochinteressant, und wenn uns überhaupt daran liegt, die Menschen, die unsere Geschichte und Kulturgeschichte geformt haben, zu begreifen, dann müssen wir all das miteinbeziehen. Dann müssen wir alles wissen. Die, von denen wir nichts oder wenig wissen, das sind natürlich die Menschen in der Zeit des Absolutismus und davor, wo solche Nachrichten fehlen. Die bleiben für uns im dunkeln.

Es sei unmöglich, haben Sie gesagt, solches Wissen zu ermitteln, zu gewinnen, also eine fremde Persönlichkeit zu verstehen, geschweige denn ein Genie, wenn man niemals den Versuch gemacht habe, sich selber zu verstehen. Sie haben es eben noch einmal angedeutet. Wie sahen denn solche Versuche, psychoanalytischer Art, muß man wohl hinzufügen, bei Ihnen selbst aus? Haben Sie eine Analyse gemacht?

Ja.

Wann war das?

Das war ganz früh, als ich 21 war. Es war in Jerusalem, wo ja einige Schüler von Freud waren, und hat auch gar nicht lange gedauert, weil man sechsmal die Woche hinging und mit 21 ja noch nicht so sehr viel auf dem Kerbholz hat.

Sehr intensiv im Vergleich zu heute.

Ja, sehr intensiv und mit großem Interesse. Das Interesse war zum Teil auch der Grund, weshalb ich es machte.

Also kein Leidensdruck?

Es war einfach Unfähigkeit zu arbeiten, Unfähigkeit, mich zu irgend etwas zu entschließen. Ich dachte, es kann nicht so weitergehen. Außerdem hatte ich eben Interesse an der Analyse selbst.

Ich bin nicht sicher, ob Psychoanalyse in jedem Falle das Richtige ist für einen Menschen, bestimmt nicht über ein gewisses Alter hinaus, und es handelt sich bei mir auch weniger um die Therapie als um die Einsichten, die sie einem vermittelt. Sie vermittelt einem Einsichten, daß man eben selbst nicht exemplarisch ist und daß man seine Emotionen nicht auf andere übertragen kann, daß sie bei allen verschieden geartet sind – jeder Mensch ist ein Mikrokosmos für sich selbst. Und das hindert einen daran, Biographien zu schreiben, in denen – wie es die Biographen im allgemeinen tun – Charakteristika zum Vorschein kommen, die in Wirklichkeit die eigenen sind, welche man auf andere projiziert.

Es gibt ja auch eine persönliche Erinnerung an Sigmund Freud beziehungsweise an seine Familie.

Das war in meiner Londoner Zeit, vor dem Krieg, 1939 oder etwas früher, glaube ich. Freud ging durchs Zimmer, ich war mit seinem Enkel ganz kurz befreundet, und begrüßte die Anwesenden, unter anderem mich auch, und sah schon sehr, sehr krank aus. Er sah ein wenig aus wie auf der Zeichnung von Dali; Salvador Dali hat ja Freud kurz vor dessen Tod zusammen mit Stefan Zweig besucht, und während Zweig mit ihm sprach, zeichnete Dali ihn, und auf diesem Bild sieht er schon fast wie tot aus, und so wirkte er auch auf mich. Dali war ja ein großer Bewunderer von Freud.

Mozart lebte, wie Sie schreiben, noch im vorpsychologischen Zeitalter. Welches ist denn das psychologische Zeitalter?

Wenn ich diese Theorie weiterspinnen soll, was ich nicht unbedingt möchte, würde ich sagen, das psychologische Zeitalter gibt es zwar nicht, aber es gibt definitiv eine Dekade oder eine Zeitspanne, in der man sich der Psyche bewußt wurde, und das ist so um den Beginn des 19. Jahrhunderts herum. Über Beethoven oder Goethe können wir andere Aussagen machen als über eine Figur, die noch zur Zeit des Absolutismus gelebt hätte, weil uns einfach die Begriffe für bestimmte psychische Konstellationen fehlen, die damals allen inhärent gewesen sein müssen; das Gefühl des Untertanseins, das Gefühl, einem Herrscher zu gehören, und das Gefühl, überhaupt zu dienen. Die Kunstausübung war ja zu dieser Zeit bis zur Französischen Revolution tatsächlich ein Dienen. Man schrieb auf Bestellung. Als Haydn gefragt wurde, warum er niemals ein Streichquintett geschrieben hätte, sagte er, er hätte niemals den Auftrag gehabt. So war das, nicht nur in der Musik, in der Malerei sowieso.

Es waren Auftragswerke.

Alles Auftragswerke, ja, und innerhalb dieses Auftragswerks konnten manche Maler zu großen Ehren gelangen, zu Begleitern der Fürsten, denen sie dienten. Tizian hat den Kaiser auf einigen seiner Reisen begleitet, Rubens war neben allem anderen auch noch Diplomat für den englischen Hof. Es war eine andere Auffassung von der Kunst.

Manchmal hat man ja heute den Eindruck, wir befänden uns bereits im nachpsychologischen Zeitalter, oder sind Sie der Auffassung, daß es eine wirkliche Aneignung, Anwendung psychoanalytischer Erkenntnisse außerhalb des Individuums, der Familie, also in der Politik zum Beispiel gegeben hat?

Das ist schwer zu sagen. Nachpsychologisch dürfte insofern nicht stimmen, als uns vielleicht die Begriffswelt fehlt, das auszudrücken, was in bestimmten Politikern alles vor sich geht. Das heißt, die menschliche Psyche wird komplizierter, weil sie ganz andere Eindrücke von außen aufnehmen muß, was zu bedeuten hätte, daß auch ihre Analyse komplizierter wird, und in welcher Beziehung das die Psychoanalyse verändert, sowohl in der Therapie als auch in der Theorie, das weiß ich nicht.

Aber der Mensch in seiner Triebstruktur, das scheint ja auch durch Ihre Bücher hindurch, bleibt weitgehend derselbe.

Ja.

Und insofern ist es auch eine konservative Auffassung.

Ja, ist es auch.

Wo liegen denn die wesentlichen Erkenntnismöglichkeiten, Anwendungsmöglichkeiten der Psychoanalyse? Verdrängung, das fiel mir auf, ist eines Ihrer wichtigsten Wörter. Warum?

Verdrängung ist etwas, dem fast alle unterliegen. Ob das gut oder schlecht ist, hängt jeweils vom einzelnen Menschen ab und natürlich von dem, was verdrängt wird. Wir verdrängen alle, mehr oder weniger. Aber wenn ich so die Zeitung lese, dann wird mir ganz schlecht, wenn ich sehe, was alles verdrängt wird. Wenn ich zum Beispiel lese, daß das Wirtschaftswachstum im letzten Jahr offensichtlich sehr gute Resultate gezeitigt hat und in der Schweiz um drei Prozent gewachsen ist, dann fürchte ich, daß außer dem »Club of Rome« und einigen Leuten von »Greenpeace« niemand realisiert, daß das Wirtschaftswachstum etwas Tödliches ist, an dem wir alle zugrunde gehen werden, wenn nicht schon vorher andere Katastrophen kommen.

Ich möchte aber doch noch einmal auf den Biographen und seinen Gegenstand zurückkommen. Wie darf Ihre Äußerung verstanden werden, daß es im

Grunde nicht der Biograph ist, der sich seine Figur aussucht, sondern daß sich umgekehrt die historische Gestalt ihren Biographen wählt, also in dem genannten Fall Mozart Wolfgang Hildesheimer?

Das ist natürlich nicht wörtlich zu nehmen. Das wäre ja auch völlig unmöglich. Aber ich habe immer einen ganz großen Verdacht gehegt gegen Leute, die zwei Biographien schreiben. Ich bin der Meinung, daß jeder Mensch nur eine – ich möchte nicht sagen – Idealfigur hat, aber eine große Gestalt, auf die er immer wieder kommt. Wohlgemerkt, er mag mehrere haben, aber rezeptiv, also seine Rezeption beanspruchend, hat er wohl doch nur eine Figur. Das war bei mir Mozart. Ich kann mich nicht in jemanden hineinversetzen, der – wie Alfred Einstein – ein gutes Mozart-Buch geschrieben und sich dann Schubert gewidmet hat. Das ist eine andere Einstellung zur Biographik. Meine Einstellung zur Biographik ist tatsächlich die, daß man sich eine Person so aussucht, daß man das Gefühl hat, von ihr ausgesucht worden zu sein, und dann in sie hineinkriecht und alle Aspekte, derer man habhaft werden kann, in ihr berücksichtigt. Das kann man nicht, indem man mehrere Biographien schreibt. Das kann ein Berufsbiograph nicht.

Daß Leute darauf reinfallen ...

Fälscher- und Hochstaplernaturen gehören zum festen Inventar Ihres Werkes. In dem Buch »Marbot« von 1981 sind Sie selbst zum Fälscher geworden und haben das Musterbeispiel einer perfekten Biographie vorgelegt, nur – diesen Sir Andrew Marbot hat es ja nie gegeben, auch wenn Sie ihn in ein Netz von Lebensspuren und Dokumenten bis hin zu einer Affäre mit Goethes Schwiegertochter Ottilie einspannen.

Ja, den hat's nicht gegeben. Ich habe während der Arbeit an der Mozart-Biographie eingesehen, daß man eine wirkliche Biographie eigentlich nur schreiben kann über jemanden, den es nicht gegeben hat, und so habe ich dann diese Marbot-Biographie entworfen. Sie ist ja in der Tat in ihrer Struktur als Buch viel konventioneller als »Mozart«. »Mozart« ist aphoristisch. Bei Mozart konnte ich viel voraussetzen, denn letztlich war seine Lebensgeschichte natürlich bekannt. Ich konnte aphoristisch vorgehen. Ich konnte ein Stichwort das andere ergeben lassen und auf diese Weise sozusagen ubiquitär vorgehen.

Sie mußten ein Fresko, wie Sie das genannt haben, nicht neu schaffen, sondern nur von seinen Übermalungen befreien.

Ja, aber »Marbot« mußte ich aufbauen und trotzdem doch so tun, als ob ich annähme, daß er diesem oder jenem Leser schon bekannt sei. Das ist eine Fälschung, das heißt, es ist keine Fälschung. Ich habe nicht gewußt, daß es so viele Leute geben würde, die darauf reinfielen.

Es hat also Verwirrung gegeben.

Es hat Verwirrung gegeben, aber es sollte keine Verwirrung geben. Im Klappentext des Buches steht, Marbot sei in die Kulturgeschichte des 19. Jahrhunderts gleichsam eingewoben, und ich habe gedacht, daß das verständlich ist, daß die Leute annehmen, ich hätte ihn mit Nadel und Faden da durchgezogen. Und auch der Index, das Register, gibt ja nur Personen an, die wirklich existiert haben. Das müßte ja, wenn man es zu lesen versteht, argwöhnisch machen. Daß Leute darauf reinfallen, obwohl sie, wenn sie dann bei Eckermann nachlesen, dieses und jenes Zitat nicht finden, daß sie sich nicht die Mühe machen, über dieses und jenes Bild zu lesen, das wußte ich nicht, das ist mir fremd. Ich habe nicht gedacht, daß ich irgend jemanden täusche. Ich wollte die perfekte Biographie schreiben, aber ich wollte auch, daß man weiß, daß es diesen Mann nicht gegeben hat.

Welt- und Zeitflucht

Sie haben Marbot neu geschaffen. Aber es gab einen Vorgänger. Es gab Gottlieb Theodor Pilz aus den »Lieblosen Legenden«, den Sie auf die Epoche der Romantik angesetzt hatten, um wesentliche Menschen dieser Epoche vom Schreiben und Komponieren abzubringen und so die Zahl der romantischen Hervorbringungen zu reduzieren. Ist Ihnen die Romantik suspekt?

Das ist sie mir sowieso, aber nicht unattraktiv. Damals war sie mir noch suspekter, ich kannte sie noch nicht so gut und habe diese Geschichte von Pilz ziemlich unbesorgt geschrieben. Sie war ein Witz. Das war »Marbot« natürlich nicht. »Marbot« begann schon als Scherz, aber es wurde danach doch buchstäblich blutiger Ernst. Die Affäre mit der Mutter, das mußte durchgespielt werden. Das mußte durcherlebt werden, und das hat mich Gedanken und auch tatsächlich sehr viel Erregung gekostet.

Es war ein kriminalistisches Puzzlespiel, und Sie haben gesagt, daß Sie mit viel Sehnsucht an diese vier Jahre Arbeit für »Marbot«, 1977 bis 1981, zurückdenken. Darf ich fragen, ob auch eine Welt- und Zeitflucht darin lag?

Natürlich.

Weg aus der Gegenwart in die nicht ganz so schreckliche Welt des 19. Jahrhunderts?

Letztlich war das der Beweggrund, wie es schon der Beweggrund zu »Mozart« gewesen ist. Auch »Mozart« ist aus diesem Grund entstanden, nicht ausschließlich, aber, wie ich ja schon sagte, meine Ich-Figur, die Person meiner möglichen Identifikation, hatte ich in die Wüste geschickt, und nun hatte ich niemanden mehr. Jetzt mußte ich mir jemanden aus anderen Jahrhunderten suchen. So entstand »Mozart«, dessen Anfänge natürlich schon weiter zurücklagen. So entstand dann schließlich »Marbot«.

Gibt es denn eine Epoche, zum Beispiel eine literarische, in der Sie sich zu Hause fühlen könnten, oder gibt es eine Gestalt der Kulturgeschichte, in deren Welt Sie gerne gelebt hätten?

Nein, alle haben ihre Vorteile und Nachteile. Ich könnte nicht sagen, dann oder dann hätte ich gerne gelebt, denn in diesem Fall müßte ich ja ziemlich genau definieren, wer ich selbst zu jener Zeit gewesen wäre, und dazu fehlt mir absolut die Möglichkeit. Es fehlt mir auch die Phantasie, mich in einen Zeitgenossen jener Epochen einzuleben.

Aber Marbot haben Sie bei verschiedenen Anlässen so zitiert, als hätte es ihn wirklich gegeben, und für Sie ist er ja auch wirklich, denn Sie unterscheiden zwischen Wirklichkeit und Realität. Können Sie diesen Unterschied einmal erläutern?

Wirklichkeit schließt die Möglichkeit in sich ein.

Hoffnungen, Entwicklungen.

Alles, alles, die Möglichkeit, es geschieht oder nicht, während Realität nur das ist, was real ist. Einen Satz wie »In Deutsch sind die Begriffe Wirklichkeit und Realität nicht dieselben«, einen solchen Satz können Sie nicht in eine andere Sprache übersetzen.

Der derzeitige deutsche Bundeskanzler Helmut Kohl dürfte Ihnen dankbar sein, denn er ist für den Satz »Die Wirklichkeit, meine Herren, ist anders als die Realität« einige Monate lang doch mit sehr viel Spott bedacht worden.

Das ist ja auch ein absurdes Statement. Sie ist ja nichts anderes als die Realität, sondern die Wirklichkeit schließt die Realität in sich ein und ist daher etwas größer. Ich glaube nicht, daß die Bemerkung von Herrn Kohl auf das hinauswollte.

»Mozart« und »Marbot« sind als Spiegelbücher, als die Umkehrung des jeweils anderen bezeichnet worden. Das bedeutet offenbar, daß die Biographie, die es mit historisch verbürgten Personen zu tun hat, von der Versagung, der Bescheidenheit, der Enthaltsamkeit lebt, während der Autor, der sich mit fiktiven Gestalten beschäftigen kann, aus dem Vollen schöpfen darf. Ist das richtig?

Das ist richtig, obwohl der Begriff der Spiegelbücher nicht von mir stammt. Ich habe niemals ganz verstanden, was das bedeutet. Es war mir in »Marbot« letztlich doch um etwas anderes zu tun als in »Mozart«; was natürlich in »Marbot« als ungeheurer Anreiz dazu kam, war, daß ich seine kreative Seite, das heißt das, was er produziert hatte, selbst produzieren konnte und mußte. Es war schwer, eine solche Figur zu wählen, denn ich konnte keinen Musiker wählen wie Thomas Mann seinen Leverkühn – ich hätte ja Partiturseiten bringen müssen, es war schließlich kein Roman, sondern eine Biographie. Bei einem Maler hätte ich wahrscheinlich einige Bilder, Illustrationen bringen müssen, bei einem Dichter hätte ich Textteile bringen müssen, bei einem Kritiker oder einem Berufsästheten wie Marbot war das natürlich viel einfacher. Das wenige, was er geschrieben hat, das konnte ich auch schreiben.

Fiktion zur Wahrheit machen

Marbot hat sich also gewissermaßen verselbständigt. Da es ihn nicht gab, haben Sie ihn erfunden. Worin liegt denn seine Größe, seine Bedeutung?

Größe ist vielleicht zu viel gesagt. Aber seine Bedeutung liegt eben nicht nur in dem, was er gesagt hat und was spätere auch gesagt haben, nicht nur also in seiner Vorzeitigkeit, sondern darin, daß er Gültiges über Bilder gesagt hat, was auch späteren Forschern und Kunsthistorikern als Anhaltspunkt gedient hat.

Das heißt, obwohl er eine fiktive Figur war, ist er aktiv in die Kulturgeschichte eingegangen.

Ich habe ja versucht, ihn einzuführen. Ich habe einen Vortrag gehalten bei der Schopenhauer-Gesellschaft über »Schopenhauer und Marbot«; sie wußten ja, daß Marbot fiktiv ist, aber es war eben auch über Schopenhauer interessant, und als ich meinen »Gilles«-Vortrag über das Bild von Watteau an der Münchner Universität hielt, habe ich auch Marbot als Forscher erwähnt. Ich stellte es den Leuten anheim, ob sie an ihn glauben wollten oder nicht. Eigentlich wäre es schön, wenn jemand eine Dissertation über ihn schreiben würde. Aber dazu werde ich kaum jemanden bringen.

Aber nicht erst in »Marbot«, sondern schon vorher haben Sie sich mit dem schöpferischen Vorgang, mit dem Phänomen der Kreativität beschäftigt. In dem Vortrag »Das Ende der Fiktionen« von 1975 sprechen Sie davon, daß der Schriftsteller die von ihm zu treffende Aussage nicht selber wählen kann, sondern daß sie ihn wählt. Wählt sie ihn nicht, sagen Sie, ist er gescheitert. Ist denn ein solches Warten auf den Kuß der Muse, vereinfacht gesprochen, noch zeitgemäß heute?

Ich würde es nicht den Kuß der Muse nennen, ich würde sagen, daß der Schriftsteller entweder über sich selbst schreibt oder sich in andere Figuren hineinversetzt. Aber die Aussage, die er zu seiner Zeit, zur Gegenwart macht, die darf er sich nicht von äußerlichen Umständen diktieren lassen, sondern die muß aus ihm selbst kommen. Das heißt also, er muß selbst darauf warten, daß sein innerer Mikrokosmos ihm recht gibt, er kann sich nicht für eine Sache engagieren, wenn er sich nicht zuerst in sich selbst engagiert.

Vielleicht wird es klarer, wenn ich Sie noch einmal zitiere: Kunst sei Kreativität, nicht Wiedergabe, haben Sie gesagt, und auch, daß Theorie und Kritik eben kein Ersatz für Literatur sind. Aufgabe der Literatur sei es, Fiktion zur Wahrheit zu machen, nicht etwa umgekehrt Wahrheit zu Fiktion.

Ja, das habe ich gesagt, und Ezra Pound, den ich in diesem Vortrag zitiere, wenn auch nicht gerne, hat gesagt, der Künstler, der einer Sache Ausdruck gibt und nicht sich selbst, sei verdammt. Ich habe es in Deutsch gelesen, das englische Wort ist wahrscheinlich »doomed«, zum Vergessen verurteilt. Das heißt, mein Engagement muß erst mal in mir selbst sein, und zwar nicht in mir als Schriftsteller. Es muß menschlich da sein und nicht nur schriftstellerisch. Ich kann mir mein Sujet nicht aussuchen, würde ich sagen. Es ist wirklich wahr, es sucht mich aus.

Als Indiz für das Gelingen des Ausgesuchtwerdens, sage ich mal, des schöpferischen Prozesses, nehmen Sie das Wort Transzendenz und definieren es als jene Qualität, die eine Passage von Wörtern über die Ebene eines Zeitungsartikels oder eines Briefes hinaushebt. Wo gibt es denn Beispiele für solche Qualität in der neueren Literatur?

Beispiele sind für mich Joyce, Kafka, auch Djuna Barnes.

Die Sie übersetzt haben . . .

Ja, aber jeder würde wahrscheinlich andere nennen; viele werden Thomas Mann nennen.

Und heute, in der zeitgenössischen Literatur oder in der Nachkriegsliteratur?

Da gibt es einige von den Jüngeren. Ich würde auf jeden Fall Klaus Hoffer nennen: »Bei den Bieresch«, ein großartiges Buch; Gerold Späth, ein Schweizer Autor; auch in einigen frühen Büchern von Peter Handke – die späteren verstehe ich nicht mehr – ist tatsächlich dieser Tiefgang, den ich meine.

Und bei Ihnen selber? Welches Ihrer Bücher macht Ihnen am meisten Eindruck?

Ich würde sagen »Marbot«, weil ich »Marbot« über alles andere hinaus auch noch als eine Invention, eine Erfindung betrachte. Ich betrachte heute »Tynset« und »Masante« eigentlich als eine Art Geständnis, als Bekennungsliteratur.

Sprache bedeutet mir sehr viel

Herr Hildesheimer, Sie haben sich sehr intensiv mit der Sprache auseinandergesetzt. Ihr Spaß an der Sprache, Ihre Arbeit an der Sprache, die Sie manchmal aushöhlen, untergraben, untertunneln, bis kaum noch etwas übrigbleibt oder sich überraschend neuer Sinn und neue Erkenntnismöglichkeiten ergeben, kulminieren in dem Buch »Mitteilungen an Max über den Stand der Dinge und anderes« aus dem Jahre 1983. Sind denn diese Mitteilungen beim Adressaten, bei Max Frisch, angekommen?

Ich kann es nicht sagen. Ich weiß es nicht. Es gab zuerst eine kurze Version dieses Textes, der in der Festgabe für Max Frischs 70. Geburtstag enthalten war. Aber diesen Text habe ich um Wesentliches erweitert. Er ist um zwei Drittel, nein um das Doppelte angewachsen, und wie Max Frisch dazu steht, weiß ich nicht. Er hat es mir niemals gesagt, und es ist seitdem eine gewisse Entfremdung zwischen uns eingetreten.

Aber Sie sehen sich hin und wieder.

Wir sehen uns hin und wieder, ja. Aber ich habe das Gefühl, daß er mir einiges übelgenommen hat. Von den Passagen, wo es sich um Midlife-crisis und diese Dinge handelt, muß er sich betroffen gefühlt haben. Ich habe meinen Verleger gefragt, ob es wirklich so sei, und mein Verleger hat mir das bestätigt, was mir sehr leid tut.

Jemand hat angesichts der »Mitteilungen an Max« gesagt, Sie benutzten die Sprache als ein ehrliches Material für täuschende Veranstaltungen. Was hat Ihnen Sprache bedeutet? Bedeutet sie Ihnen heute noch etwas?

Rezeptiv bedeutet sie mir immer noch sehr viel, ja. Nur kann ich mir nicht mehr vorstellen, wie ich noch schreibe. Ich bin auch nicht mehr sicher, ob mir heute sprachlich überhaupt noch etwas einfällt, wenn ich mich wieder dazu aufraffen würde zu schreiben. Ich glaube, jetzt habe ich es halt tatsächlich vertan.

Was bedeutet Ihnen die deutsche Sprache, was hat sie Ihnen bedeutet?

Die deutsche Sprache bedeutet mir sehr viel. Ich habe sie eigentlich erst kennengelernt, als ich wieder nach Deutschland zurückkam und sie mit anderen Sprachen vergleichen konnte. Sie ist in abstractis meiner Meinung nach die reichste Sprache, die es überhaupt gibt, nicht in konkreten Dingen, da ist vielleicht Englisch noch reicher. Aber sie ist für mich der ideale Ausdruck; natürlich könnte ich oder hätte ich zu einer bestimmten Zeit ein Buch auch auf Englisch schreiben können, hätte aber einen anderen Schreibvorgang gewählt. Ich hätte einfach die Dinge anders angepackt.

Ich weiß, wie schwer es ist, meine Bücher zu übersetzen. Ich habe selbst zwei Vorträge, die ich in Englisch gehalten habe, ins Deutsche übersetzt, »The End of Fiction« und »The Jewishness of Mr. Bloom«, und ich bin nicht sicher, ob mir die Übersetzungen eigentlich gelungen sind. Es wurde mir auch bestätigt, das ist wieder ein anderes Gebiet, daß selbst bei optimalen Übersetzungen in die romanischen Sprachen – »Tynset« zum Beispiel ist wirklich optimal ins Italienische übersetzt worden – ein ganz großer Unterschied bleibt, denn es gibt Dinge, die in allen Sprachen anders klingen. Dagegen ist nichts zu machen.

Lesen Sie sich denn manchmal selber in anderen Sprachen?

Natürlich mache ich den Versuch, mein Französisch ist ganz schlecht, ich versuche es in Italienisch und kann es natürlich in Englisch. Die englische Ausgabe von »Marbot«, die auch preisgekrönt wurde, ist in der Tat hervorragend. Ich finde sie manchmal besser als die deutsche.

Das bringen Sie aber zum Teil schon mit, denn auch die deutsche »Marbot«-Ausgabe enthält bereits englische Wendungen, das heißt zweisprachige Passagen.

Zum Teil bringe ich das mit, ja, weil ich diese Passagen selbst übersetzt habe. Die englische Ausgabe ist kürzer, weil diese Teile hier nicht in Deutsch figurieren mußten. Aber es ist eine hervorragende Übersetzung. Ich könnte mir allerdings heute nicht vorstellen, daß ich irgend etwas, auch einen Artikel, in einer anderen Sprache schreiben würde als in Deutsch.

Gerade für einen, der in deutscher Sprache schreibt, ist Ihnen – vor allem in Ihren früheren Jahren – viel Leichtes geglückt, das manchmal auch als zu leicht befunden, als feuilletonistisch abgewertet wurde: Skurril, absurd und hinterhältig komisch geht es in den »Lieblosen Legenden«, auch in manchen Ihrer Hörspiele und Theaterstücke zu. Falsche Vögel, Sonderlinge, komische Käuze beherrschen die Szene. War das ein anderer Wolfgang Hildesheimer, der das schrieb, als der von heute?

Das ist eine Frage, die sich schwer beantworten läßt, weil man eigentlich immer ein anderer ist. Es gibt Perioden meiner Jugend und auch noch meiner späteren Zeit, die ich einfach jetzt nicht mehr verstehen kann und bei denen ich mich sogar frage, ob sie wirklich gewesen sind, ob ich das, was ich gesagt habe, wirklich gesagt habe. Das ist immer ein Problem: erkennt man sich später noch wieder, oder erkennt man die Figur, die man erkennt, auch an? Und da habe ich manchmal große Schwierigkeiten – in der Person; in dem, was ich geschrieben habe,

habe ich sie gewöhnlich nicht, und das, was ich geschrieben habe, kann ich zu, sagen wir, zwei Dritteln heute noch sehr gut lesen. Ich habe letzthin sowohl »Tynset« als auch »Marbot« noch mal gelesen, und ich muß sagen: mit Gewinn.

Dann gibt es also den Leser Wolfgang Hildesheimer, auch den Leser der eigenen Werke. Aber auch der Übersetzer hat sehr viel Lob auf sich gezogen, das meiste Lob, denke ich, gab es für »Nightwood«. Ist das richtig?

Das ist wohl richtig. Es war auch eine ungeheuerliche Arbeit. Djuna Barnes ist schwierig zu übersetzen, sicher so schwer wie James Joyce in »Ulysses«, natürlich nicht wie in »Finnegan's Wake«, und es hat lange gedauert. Ich habe mir sehr große Mühe gegeben, habe eine lange Korrespondenz mit der damals noch lebenden Djuna Barnes gehabt; ich habe 53 Briefe von ihr, und das war insofern eine sehr ergiebige Arbeit, weil es nicht nur interessant war, mit Djuna Barnes zu korrespondieren und sie zu übersetzen, sondern weil mich dieses Buch doch sehr stark beeinflußt hat. Meine Maxine in »Masante« wäre nicht denkbar gewesen ohne den Doktor in »Nightwood«. Also, sie gehört zu den wenigen Einflüssen, die ich nennen kann. Strindberg und Djuna Barnes sind die wenigen Einflüsse und vielleicht Kafka, die ich nennen könnte, obwohl es wahrscheinlich viel mehr gibt.

Joyce würden Sie nicht nennen, obwohl Sie ihn auch übersetzt haben?

Nein, James Joyce würde ich nicht nennen.

Sie haben sehr wenig Lyrik geschrieben. Aber unter Ihren Freunden waren große Lyriker, zum Beispiel Günter Eich. Haben Sie ein Verhältnis zu Gedichten?

Ein sehr starkes Verhältnis, und ich hätte auch sehr gerne Gedichte geschrieben. Aber ich habe das Werkzeug nicht, und obwohl Günter Eich mich dazu bringen wollte, weiß ich, daß ich es nicht kann. Es hat ganz wenige Perioden gegeben, wo ich plötzlich mal ein Gedicht hervorbringen konnte, und seltsamerweise gerade nach Günter Eichs Tod. Aber im allgemeinen bin ich kein Lyriker, wäre es gerne, bin's aber nicht.

Weggenossen, Freunde, Feinde

Sie haben fast alle Schriftsteller der Nachkriegszeit mehr oder weniger aus der Nähe kennengelernt. Über einige haben wir gesprochen. Gab es Weggenossen, Freunde, Feinde?

Feinde nicht, nein. Einem potentiellen Feind wäre man vermutlich sowieso aus dem Wege gegangen.

Es gab immer Spannungen bei Tagungen der »Gruppe 47«, die mich eigentlich wenig berührt haben, und wenn ich heute mit einigen Schriftstellern nicht mehr so befreundet bin, liegt es zum großen Teil an der Geographie, daß man sich seltener sieht, und natürlich daran, daß viele gestorben sind. Paul Celan ist gestorben. Es lichtet sich in meiner Altersstufe, obwohl die meisten eigentlich jünger sind, als ich selbst es bin. Ich habe verschiedene Schriftsteller unter meinen Freunden, sehe sie auch manchmal, aber heute sind es mehr allgemeine menschliche Gründe, die mich Freundschaften kultivieren lassen.

Worum haben sich denn Ihre Kollegen, die Schriftsteller, in den letzten Jahren zu viel und um was haben sie sich zu wenig gekümmert?

Das kann ich nicht sagen, das fällt auch in das Gebiet dessen, was dem Schriftsteller eingegeben wird und nicht eingegeben wird. Günter Grass ist ein enormer Aktivist und legt seine Finger an verschiedene Wunden, und ich bin auch fest überzeugt davon, daß er das selbst erlebt. Aber ich habe niemals verstanden, wie Leute tatsächlich Ereignisse aufspüren schon in dem Gedanken, sie kreativ auswerten zu wollen. Als Beispiel will ich eine Geschichte mit Alfred Andersch erzählen. In seinem Buch »Die Rote«, das ich nicht gelesen habe, kommt ein Five-o'clock-tea in einem Luxushotel in Venedig vor. Dieser Five-o'clock-tea wurde sehr angegriffen von einigen Kritikern, worüber Andersch sehr ärgerlich war, und er sagte: »Ich war ja selbst dabei. Ich hab's ja selbst mit eigenen Augen gesehen. So war es ja.« Und darin liegt eben das Mißverständnis. Um etwas zu schildern, muß ein Ereignis oder ein Erlebnis oder eine eigene Erfahrung durch verschiedene unterirdische Gänge und unter Brücken hindurch.

Es reicht nicht, daß es so gewesen ist.

Es reicht nicht, daß es so gewesen ist. Es muß durch das Unbewußte gegangen sein. Es muß als verarbeitetes Element vor ihm liegen. Nur so hat er die objektive Sicht, und bei der Gegenwart kann das gar nicht der Fall sein, weil viele Aspekte der Gegenwart uns Schriftstellern gar nicht klarwerden.

Es hat mir die Sprache verschlagen

Die Zeit, in der Sie Schriftsteller waren, haben Sie mit dem Jahr 1983 für beendet erklärt. Sie machen Collagen, schreiben hin und wieder einen Aufsatz, engagieren sich für den Umweltschutz. Aber Sie erzählen keine Geschichten mehr. Warum nicht?

Es gibt keine Geschichten mehr zu erzählen. Es hat mir die Sprache verschlagen. Ich müßte wieder in die Vergangenheit tauchen, und da habe ich keine

Figur, die mich heute noch so fasziniert oder über die ich in der Lage bin zu schreiben; und über die Gegenwart zu schreiben, wäre mir völlig unmöglich, denn die Gegenwart, die wir erleben, ist ja nicht die wirkliche Gegenwart. Wenn Sie einen Gentechniker oder einen Astrophysiker fragen, wie seine Gegenwart aussieht, ist das eine ganz andere als die, über die wir schreiben. Wir schreiben über die Liebe, und in Wirklichkeit geht die Welt unter, verändert sich so, entwickelt sich alles zum Verhängnis, zum Verderben.

Und dagegen anzuschreiben, das ist eine vermessene Aufgabe.

Man kann nicht über eine Sache schreiben. Da gilt wieder das Wort von Ezra Pound: Wer nicht über sich selbst schreibt, sondern über eine Sache, der ist verdammt.

Da kann man Aufrufe machen oder Transparente aufziehen.

Ja, das ist etwas anderes. Das ist aber nicht die Aufgabe des Schriftstellers. Die Aufgabe des Schriftstellers ist doch immer, wie eben gesagt, daß das durch einen bestimmten Gang des Unbewußten in veränderter, sublimierter Form wieder zu Tage tritt.

Daß nichts mehr zu erfinden, daß aller Erzählstoff erschöpft ist, gehört andererseits schon als Leitmotiv zu Ihrem Werk. Ihre Helden kommen von Anfang an immer zu spät. Das, was sie tun wollen, ist meist nicht nur getan, sondern auch schon berichtet. Ihr Schweigen hat einen Janus-Kopf. Ist es nun Reaktion auf die Realität, oder ist es eine Konsequenz Ihres Werkes?

Beides, würde ich sagen. Günter Grass sagte ja auch, Schriftsteller ist man nur von Mal zu Mal. Man hat etwas geschrieben, was gesagt werden mußte, was man schreiben wollte, und dann ist es gesagt; und dann sich zu überlegen, ich bin ja Schriftsteller, eigentlich muß ich jetzt weiterschreiben, ich muß mir also ein nächstes Sujet suchen, das liegt mir fern.

Sie haben gesagt, Schriftsteller zu sein, sei keine Entscheidung, sondern ein Privileg, das sich nach jedem Buch wenden kann.

So ist es, kann sich nach jedem wenden. Meine Zeiten sind vorbei. Wenn ich mir meine Bücher anschaue, dann sind das Sachen, die ich schreiben wollte, und wenn ich mir überlege, ob es für mich noch etwas zu schreiben gibt, dann sehe ich nichts, und deshalb habe ich wieder aufgehört.

Und vor allem gibt es ja wohl keine Nachwelt mehr, keine Erinnerung, wenn der Abgang der Menschheit von diesem Planeten endgültig ist. Liegt darin ein wesentlicher Mitgrund für Ihren Schreibverzicht?

Das ist ein Mitgrund, ja. Ich weiß nicht, ob ich ihn dauernd so aktiv vollziehe. Aber es ist natürlich schon ein sehr starker Grund, daß es keine Nachwelt gibt. Es wird keine Leser mehr geben, und ich habe das Gefühl, ich würde ins Leere schreiben, denn ich glaube, schon in einer Generation wird man sich um ganz andere Dinge kümmern müssen als um Fiktionen.

Der deutsche Bundespräsident Richard von Weizsäcker hat Ihnen allerdings zum 70. Geburtstag telegrafiert, Schweigen sei doch nur eine *Möglichkeit, sich zu verhalten. Wie verhalten sich denn Ihre Freunde gegenüber Ihrem Schweigen?*

Günter Grass kann es sehr gut verstehen. Aber er sagt, er muß eben schreiben. Er kann einfach nicht aufhören, was ich sehr gut verstehen kann, wobei immer noch die Frage ist, ob er nicht inzwischen doch schon aufgehört hat und sich auch wieder der Bildenden Kunst zuwendet. Bei vielen anderen stelle ich fest: Es läßt nach, sie schreiben nicht mehr oder scheinen nicht mehr zu schreiben. Max Frisch schreibt nicht mehr. Wolfgang Koeppen schreibt schon lange nicht mehr, aber auch andere; von Gabriele Wohmann habe ich auch schon lange nichts mehr gesehen. Sie erlahmen angesichts der Realität, die sie nicht mehr verstehen. So sehe ich es jedenfalls.

»This is the way the world ends«

Das heißt, die Zeiten, wo Peter Handke Ihnen vorgeworfen hat, das Endzeitgerede sei nichts, womit sich ein echter Schriftsteller beschäftigen könne, sind vielleicht vorbei.

Er hat es anders gesagt. Er hat gesagt: Sicheres Zeichen, daß einer kein Künstler ist, sei, wenn er das Gerede über die Endzeit mitmache. Das halte ich für völlig falsch. Im Gegenteil, ich glaube eben – wie Klee –, daß der Künstler etwas näher an der Schöpfung sitzt und ihre Symptome und Zeichen eher wahrnimmt als jemand anders. Ich habe oft das Gefühl, daß die Wissenschaft den kreativen Schriftstellern, den kreativen Künstlern nachhinkt, weil wir das irgendwie alles schon erahnt haben. Wenn wieder irgend etwas neues Furchtbares kommt, denke ich mir: Wie konnte man annehmen, daß das nicht geschehen würde? Das mußte ja geschehen, und wie oft ist es so, daß ich in den Nachrichten etwas sehe oder lese und dann denke, mein Gott, das hat der »Club of Rome« vor 20 Jahren schon gesagt, »Die Grenzen des Wachstums« und so weiter. Allmählich merken sie es auch. Es kommt alles zu spät.

Heine hat ja einmal vom Ende der Kunstperiode gesprochen. Das müßte mit Goethes Tod eingetreten sein. Ihren Äußerungen entnehme ich so etwas wie das Ende der Kulturperiode, das heute erreicht sein könnte, wenn die Menschheit bereits ihren Abtritt von der Bühne vorbereitet. Gibt es eigentlich noch originäre Kultur, oder gibt es nur noch Reproduktion von Kultur in einer solchen Zeit, in einer solchen bedrohten Zeit?

Ich kann wenig darüber sagen. Ich würde sagen, es müßte doch noch originäre Kultur geben. Die gibt es. Die endet zwar wahrscheinlich mit dem Aussterben des Menschen auf der Erde. Aber solange der lebt, gibt es sie doch noch, und zwar in einer Form, wie eigentlich vorher auch, nur hat sie eben dann keine Zukunft mehr. Ich glaube nicht, daß es langsam bergab geht, sondern plötzlich ist einfach Schluß: »This is the way the world ends, not with a bang but with a whimper«, so heißt es bei T. S. Eliot, und so sehe ich das auch.

Die Wissenschaftler jedenfalls, indem sie die Welt schneller verändern, als wir das wahrnehmen, so haben Sie gesagt, haben entscheidenden Anteil daran, daß zum Beispiel das Schreiben von Romanen sinnlos ist.

Ja.

Aber ist es nicht reichlich pauschal, von den *Wissenschaftlern zu sprechen? Meinen Sie einen bestimmten Typus?*

Ich meine den Typus des Wissenschaftlers, der sich um seine Wissenschaft kümmert. Im übrigen, würde ich sagen, geht es schneller, als selbst die Wissenschaftler es ahnen, denn die Wissenschaftler haben ja nur immer ihr Teilgebiet. Es gibt keine übergeordnete Macht, die bestimmt, was sie da tun sollen und was nicht, und es gibt kein Ordnungsprinzip, das ihnen zuruft: Bis dahin und nicht weiter!

Es gibt kein Maß.

Es gibt absolut kein Maß. Sie sehen es ja jetzt bei fast allem. Sie können heute eine Ratte züchten so groß wie eine Kuh, alles ist möglich. Man kann Menschen züchten. Es wird eine völlig andere Welt.

Also nichts mehr von jener Zielsetzung der Wissenschaft, die Brecht ja in seinem »Galilei« einst dahingehend beschrieb, daß es ihre Aufgabe sei, die Mühseligkeit der menschlichen Existenz zu erleichtern. Wann hat denn diese verhängnisvolle Tradition, die Sie in der Wissenschaft zu erkennen glauben, begonnen?

Das läßt sich nicht auf den Tag feststellen. Es hat ohne Zweifel mit dem Walten des Computers, vor allen Dingen aber auch schon mit den Anfängen der Relativitätstheorie begonnen. Ich meine, die Tatsache, daß der Mensch den Mond erreichte, was zehn Jahre zuvor als unmöglich erschienen wäre, auch das deutet alles auf die unbegrenzten Möglichkeiten hin, die da sind und denen wir, die wir sie nicht hervorrufen, ausgesetzt sind.

Aber gewöhnlich werden diese unbegrenzten Möglichkeiten ja als positiv bewertet, zumindest wenn ich an den Mond denke.

Ich bin nicht sicher, ob das immer noch so ist.

Ich denke, die Eroberung des Mondes zählt zu den positiven Kapiteln der Wissenschaftsanwendung.

Da wäre natürlich die Frage am Platz: Warum? Mußte das sein? Erkenntnis muß natürlich sein, nicht wahr. Ich halte mich da lieber an die Dinge, die der Erkenntnis eben nicht dienen. Wenn ich so denke, daß die Sonde jetzt am Neptun vorbei ist und in der Unendlichkeit des Alls verschwindet und erst in 43 000 Jahren am nächsten Fixstern vorbeikommen wird, dann muß ich sagen, das ist wieder eine Sache, die meine Phantasie ungeheuer anregt. Diese kosmischen Dimensionen regen meine Phantasie ungeheuer an. Nur hat das nicht mehr mit dem Menschen zu tun und deshalb nicht mehr mit etwas Beschreibbarem. Es ist ja angedeutet in »Tynset«: das Fernrohr, das in die dunklen Punkte der Milchstraße sticht, da habe ich diese Sehnsucht nach dem Unendlichen ja schon wiederzugeben versucht.

Sie blicken ja auch häufig auf die Weltuhr, deren Zeigerstand insbesondere nach großen Katastrophen regelmäßig als fünf vor zwölf eingeschätzt wird. Sie haben andere Zeiten abgelesen, zunächst war es Viertel nach drei, dann war es halb fünf und schließlich halb sechs. Wie spät ist es denn heute?

Ich nehme an, es ist halb sieben oder vielleicht ist es auch schon acht. Ich weiß es nicht. Ich kann mich mit diesen Beobachtungen nicht mehr beschäftigen, weil ich nicht dauernd auf die Uhr schauen möchte. Ich möchte ja noch was tun, und das tue ich auch.

Sie haben zum Beispiel Mozarts Requiem mit neuen, sehr persönlichen und sehr eindrucksvollen Zwischentexten versehen, in denen Sie Bestrafung und ewige Ungnade für die fordern, die die Schöpfung ruinieren und die Erde vergiften. Sich selbst rechnen Sie zu den Verlierern, demnach auch zu den Unschuldigen. Läßt sich denn so einfach zwischen Tätern und Opfern unterscheiden?

Wahrscheinlich nicht so einfach, nein. Aber man muß bedenken, daß dieses Schuldgefühl etwas ist, was mir persönlich völlig fremd ist. Ich bin als Nichtchrist auch nicht mit dem Gefühl der Schuld und der Sünde geboren worden, und wenn mich heute jemand fragen würde, ob ich nicht selbst auch daran schuldig sei in gewisser Weise, würde ich sagen: Nein, höchstens indem ich lebe und Luft verbrauche, und das ist natürlich die wirkliche Ursache, die Überbevölkerung der Welt.

Die hat Ihnen ja schon sehr früh Eindruck gemacht, und Sie haben immer das Beispiel der Stadt Rothenburg zitiert.

Ja, das ist das früheste Beispiel. Aber jetzt lacht man über diese Beispiele. Damals habe ich gedacht, es sei furchtbar, daß die Welt in einem Tag 78 000 oder 87 000 Bürger mehr hat; heute sind es in vier Tagen eine Million, und das steigert, das potenziert sich auch noch. Tatsache ist ja, daß – wie Sie beobachten können – die Resultate der Wissenschaftler immer noch die Erwartungen übersteigen. Die Weltbevölkerung, wurde voriges Jahr festgestellt, wächst mehr, als ursprünglich noch fünf Jahre zuvor angenommen. Alles geht noch schneller, als man denkt, und ich meine, wir können uns ausrechnen, wann es nicht mehr geht. Natürlich wird es nicht so sein, daß die Einwohnerschaft der Erde das Maximum erreicht und jeder nur noch stehen, aber sich nicht bücken kann, wenn ihm etwas runterfällt. Dazu wird es nicht mehr kommen. Andere Katastrophen werden das verhindern. Aber die sind auch nicht schön. Wir haben ja schon einige. Die nukleare Nacht brauchen wir gar nicht. Wir haben schon Aids, und zu Aids werden ganz bestimmt noch andere Dingen kommen, müssen ja kommen.

Sie haben ja selbst in Ihrem abgelegenen Tal oder gerade in Ihrem abgelegenen Tal auch Katastrophen vor der eigenen Haustür gehabt.

Ja. Das hatte irgendwie etwas Tröstliches, indem es Naturkatastrophen waren. Das war nun wirklich eine Katastrophe nicht von menschlicher Hand, wo Menschen unschuldig sind; das heißt, die Natur hat zugeschlagen und in diesem Falle sogar zugeschlagen an einem Ort, wo eigentlich nichts Schlimmes geschehen war, um sie zu beschädigen. Anders war es 30 Kilometer von hier im Veltlin, wo durch radikale Übersiedlung natürlich ein Berg zu Fall gekommen ist und sich die Geographie geändert hat. Das ist wieder etwas anderes.

Die Würde des Scheiterns

Sie sind Mitglied verschiedener Tier- und Umweltschutzorganisationen, bewundern und unterstützen insbesondere die Arbeit von »Greenpeace«. Geben Sie denn dieser Arbeit eine Chance?

Ich gebe ihr die Chance, daß sie das Ende vielleicht hinauszögern kann, daß sie vielleicht die Bewohnbarkeit der Erde um eine Dekade odcr zwei verlängern kann. Aber im allgemeinen ist es für mich eine Sache der Moral – der Moral, zu manifestieren, daß man am Entsetzen, was auf uns zukommt, nicht schuldig sein möchte, sondern sein Bestes getan haben will, um es zu verhindern. Das ist für mich die Würde des Scheiterns. Das ist für mich sehr wichtig, und es ist auch für »Greenpeace« sehr wichtig. Wenn sie proklamieren, wir kämpfen für eine Welt, in der wir leben können, dann ist das natürlich sehr schön und sehr lobenswert. Aber ich glaube nicht, daß es ihnen gelingt. Ich glaube nicht, daß die Welt, für die sie kämpfen, sehr lange so sein wird, daß man in ihr leben kann.

Sie haben oft einen Ausspruch von Heinrich Friedrich Jacoby zitiert: »In der Dummheit ist eine Zuversicht, worüber man rasend werden könnte.« Klugheit und Pessimismus, das wäre der Umkehrschluß, gehören für Sie unbedingt zusammen?

Unbedingt, ja. Das kann gar keine Frage sein. Ich bin wie Schopenhauer der Meinung, daß der Optimismus eine ruchlose Anschauung ist und ein Hohn für die leidende Menschheit; also »die leidende Menschheit«, das ist Zitat, das hat Schopenhauer gesagt, ich will nicht von der leidenden Menschheit sprechen.

Und Pessimismus ist für Sie keine Absage an die Erkenntnis, sondern ein Erkenntnismittel.

Ich finde den Ausdruck überhaupt falsch. Ich benütze ihn, um mich in die Situation der anderen hineinzuversetzen, die mich das Wort nennen hören. Aber Pessimismus ist eben eine realistische Einschätzung dessen, was auf uns zukommt.

Noch ein Zitat. Ob Sie's aufgenommen haben oder ob es von Ihnen selber ist, weiß ich nicht: »Wir sollten uns entschließen, der Geschichte nichts zu glauben und insofern auch nichts aus ihr zu lernen«, haben Sie einmal geschrieben. Was meinen Sie damit?

Jetzt weiß ich nicht, ob das Rollenprosa ist oder Prosa. Aber Tatsache ist ja, daß niemand aus der Geschichte jemals gelernt hat. Geschichte ist das ewig Scheiternde, oder Geschichtsschreibung ist die Dokumentation des ewig Scheiternden, denn wenn sie positiv ausgelaufen wäre, hätten wir den Idealzustand. Geschichte schafft immer weitere Mißstände. Ich sage das jetzt so, ohne es mir überlegt zu haben. Aber lernen können wir daraus offensichtlich nichts.

Aber von der Beschäftigung mit der Geschichte, wenn auch nicht von ihr selber, könnte man ja profitieren, denn Sie werden doch aus der Beschäftigung mit Mary Stuart auch Nutzen gezogen haben?

Ja, ich habe Nutzen gezogen, indem ich etwas weiß, was ich vorher vielleicht noch nicht wußte, indem ich also einige negative Erkenntnisse gezogen habe, die ich vorher nur erahnt habe. Ich glaube, es war Theodor Lessing, der gesagt hat: »Wer wüßte nicht, daß in Wirklichkeit die Königin Elisabeth von England und die Königin Mary von Schottland böse alte Vetteln waren, völlig ungeistig.« »Geistesfern«, hat er sogar gesagt. Ich zitiere es nicht wörtlich. Ich habe es nicht mehr parat. Das stimmt natürlich auch wieder nicht, oder wahrscheinlich stimmt es nicht.

Eine negative Idealisierung.

Die Wahrheit dürfte, wie immer, in der Mitte liegen. Wir wissen das nicht. Wir wissen zu wenig über die Geschichte. Wir wissen zu wenig über die Individuen, über ihre Psyche. Wir schätzen sie falsch ein.

Sie haben vom Scheitern gesprochen. Ihre Helden, fast alle, sind scheiternde Helden, sind aber auch Helden, die Erkenntnisse haben und vermitteln. Könnten die Wörter »gescheit« und »gescheitert« etwas miteinander zu tun haben?

Das ist mir neu. Aber ich glaube es fast nicht. Übrigens weiß ich gar nicht, woher das Wort »gescheit« eigentlich kommt. Aber ich kann es mir eigentlich kaum vorstellen.

Es wäre jedenfalls eine Hildesheimersche Verbindung.

Das wär's vielleicht, ja. Ich muß mal darüber nachdenken.

Walter Jens hat die Zwiesprachen mit dem Tod bewundert, die sich auf sehr vielfältige Weise in Ihrem Werk wiederfinden. Nichts im Leben sei wesentlich und lebenswert, wenn es nicht den Tod gäbe, haben Sie gesagt. Behält der individuelle Tod seine Bedeutung auch im Zeichen des kollektiven Untergangs?

Das ist natürlich eine Frage. Ich würde sagen, nein. Und wenn ich mir das verbildliche, was ich da gesagt habe – ich habe es verschiedene Male und in verschiedenen Formen gesagt –, dann hat für mich diese Aussage und das in ihr provozierte Bild doch auch etwas sehr Pathetisches. Aber es kommt mir schon auf den Tod an, den individuellen Tod: allein in einem Raum, nicht ermordet, sondern tatsächlich sterbend und beseelt von einer Erkenntnis, die rückblickend auf das Leben wirkt.

Ist dieser individuelle Tod vielleicht selber sterblich, vergänglich, unbedeutend angesichts kollektiver Katastrophen?

Der individuelle Tod ist der richtige. Es ist der Tod, den ich meine. Die Aussage, daß ohne ihn alles sinnlos wäre, stimmt natürlich. Es ist schwer, das so einfach ex tempore gedanklich zu vollziehen. Aber alles Erleben bekommt eigentlich nur dadurch einen Sinn, daß man in einer bestimmten Relation zum Tode steht und daß wir sterben müssen.

Augenblicke des Glücks

Gelassenheit ist angesichts der Perspektiven, die Sie entworfen haben, zwar schwer zu entwickeln, Sie haben sie dennoch als eines Ihrer inneren Ziele defi-

niert. Hat das Medium, das Sie seit 1983 bevorzugen, die Collage, Sie diesem Ziel nähergebracht?

Nein, gar nicht. Wenn ich es mir heute richtig betrachte, ist Bildende Kunst erst einmal mein Beruf an sich, und jetzt hat sie natürlich noch eine Funktion einer Flucht bekommen. Das heißt, das Arbeiten mit den Mitteln der Bildenden Kunst ist für mich befriedigend, weil es von der Realität viel stärker ablenkt. Die Gedanken sind auf eine andere Art eingeschaltet. Ich brauche nicht nachzudenken über unsere Zeit und über die Menschen.

Sie können wegtauchen.

Ich tauche weg und muß über Materialien nachdenken. Ich muß über das Handwerkliche nachdenken. Die vordergründige Beschäftigung ist im Handwerklichen, und dadurch entrückt man der Zeit völlig. Ich würde sagen, das sind die Augenblicke, in denen ich glücklich bin, und waren es auch immer, wenn man sich in diesen Augenblicken des Glücks und der Glücksfähigkeit überhaupt bewußt wäre.

Wie beurteilen Sie denn den Erfolg Ihrer Ausstellungen und Collagen-Bücher? Es ist ja nicht zu bestreiten, daß Ihr literarisches Schweigen für Ihre Kunst verkaufs- und absatzfördernd ist.

Das ist es wohl. Ich betreibe sie einerseits als Beschäftigungstherapie, andererseits lebe ich zu einem

Teil davon, rechne auch damit, daß sie sich verkauft, habe aber keinerlei Ehrgeiz, in den Kanon der Kunstgeschichte einzutreten, im Gegensatz zu meiner Existenz als Schriftsteller. Ich gebe zu, und jemand, der das nicht zugibt, wäre ein Lügner, daß ich Erfolg haben wollte. Der Unterschied zwischen mir und anderen lag höchstens darin, daß ich selbst nicht gerne dabei gewesen bin, daß der Erfolg woanders stattfinden sollte und nicht gerade da, wo ich bin, weil ich meine Ruhe haben möchte. Dieser Erfolg ist mir in meiner Tätigkeit als Bildender Künstler eigentlich völlig gleichgültig. Natürlich freut es mich, wenn die Ausstellungen Erfolg haben und wenn die Sachen verkauft werden. Es ist aber nicht so notwendig, wie der Erfolg für mich als Schriftsteller notwendig war.

Macht es Ihnen Spaß?

Ja, natürlich macht es mir Spaß. Ich lebe darin. Und auch wenn ich nicht arbeite, denke ich daran.

Hat Ihnen Literatur auch Spaß gemacht oder war das stärker Arbeit?

Ich wurde mir der Tätigkeit nicht so bewußt, weil nicht die Arbeit selbst, sondern ihr Inhalt mich beschäftigt hat. Ich war auch in meiner Nichtarbeitszeit immer gezwungen, darüber nachzudenken, was Marbot wohl da und da empfunden hat oder wie Mozart dieses Adagio gemeint hat und ob es wirklich so wichtig ist, daß das nun in Dur oder in Moll ist. All das waren Dinge, die mich beschäftigt haben und die mich zum Teil natürlich auch von den Pflichten des täglichen Lebens befreit haben.

»Wer sagt, daß ich aus der Realität ausgestiegen bin, hat recht«, schreiben Sie in der Einführung zu Ihrem Collagen-Band »Endlich allein«, der 1984 erschienen ist. Sind Sie nur aus der Realität ausgestiegen oder auch aus der Wirklichkeit, die ja nach Ihrer Definition noch Möglichkeiten, also auch Hoffnungen zuläßt?

Das ist eine sehr gute Frage. Wenn ich geschrieben hätte: »Ich bin aus der Wirklichkeit ausgetreten«, hätte das einen anderen Charakter gehabt. Es war schon richtig, »aus der Realität« zu sagen, wobei auch dieser Satz natürlich nicht ganz stimmt und auch nicht ganz stimmen kann. Aber in der Tendenz als letzter Satz des Vorwortes zu diesem Buch war es richtig; er hatte natürlich auch etwas Provozierendes, und das sollte er auch haben.

Ich habe ein sehr schönes Leben gehabt

Haben Sie Fehler gemacht in Ihrem Leben, Fehlentscheidungen getroffen?

Wahrscheinlich ja. Aber wenn ich sie gemacht habe, habe ich sie verhältnismäßig früh gemacht.

Sie fühlen sich nicht davon belastet.

Nein, absolut nicht.

Wir haben schon darüber gesprochen: Kennen Sie Schuld? Fühlen Sie sich für etwas, an etwas mitschuldig?

Nein, eben nicht. Ich fühle mich nicht schuldig, und ich fühle mich auch nicht sündig; diese Gefühle, die vielleicht doch christliche Gefühle sind, kenne ich nicht. Ich fühle mich an der allgemeinen Misere, an dem Verfall der Natur und all dem, was jetzt geschieht, nicht schuldig.

Glauben Sie, etwas versäumt zu haben in Ihrem Leben?

Die Terborch-Ausstellung in Münster vor vier Jahren. Einige Ausstellungen – sonst, glaube ich, nichts.

Gibt es jemanden, den Sie gern kennengelernt hätten, ohne daß es dazu gekommen ist, dem Sie vielleicht gern Ihre Meinung gesagt hätten, drastisch, deutlich, persönlich?

Da ich nicht in der Lage bin, meine Meinung drastisch, persönlich und aggressiv zu formulieren, ist es besser, daß ich die Leute, denen ich sie gern gesagt hätte, nicht kennengelernt habe. Den Wunsch, von mir verehrte Leute kennenzulernen, habe ich niemals gehegt. Ich würde nicht jemanden freiwillig besuchen, den ich verehre, denn ich male mir die Situation aus, daß ich ihm dann gegenübersitze und eigentlich nicht weiß, was ich sagen soll.

Gibt es bestimmte Täuschungen, denen Sie in Ihrem Leben erlegen sind, Enttäuschungen?

Nein, ich glaube nicht, keine wesentlichen. Vielleicht irgendeine Enttäuschung über nicht erwiderte Liebe, als ich 20 war oder 18. Das ist möglich, sogar wahrscheinlich. Aber daran erinnere ich mich jetzt nicht.

Aller Heimatlosigkeit zum Trotz – gab es Ruhepunkte in Ihrem Leben, Ruhepole?

Ich habe jetzt das Gefühl, die Arbeit ist getan, und was jetzt geschieht, ist ein Lebensabend, an dem ich tun und lassen kann, was ich will, an dem ich arbeiten kann. Arbeit ist etwas sehr Wesentliches. Ohne Arbeit hat das Leben keinen Zweck. Jetzt ist der Punkt gekommen, wo ich auf mein Leben zurückblicke und sagen muß, daß ich ein sehr schönes Leben gehabt habe, verglichen mit vielen anderen, die unter den Umständen und den Katastrophen viel mehr zu leiden hatten als ich. Es war sehr schön, und manchmal habe ich tatsächlich ein schlechtes Gewissen, daß es mir eigentlich immer gutgegangen ist.

Haben Sie Angst gehabt in Ihrem Leben?

Ja, Angst habe ich eigentlich immer. Ich habe Angst vor dem, was in der Zukunft geschieht, nicht zuletzt habe ich auch Angst, daß es mir geschehen könnte.

Die Objekte der Angst haben sich verändert in Ihrem Leben.

Die Objekte der Angst haben sich verändert. Ich hatte über viele Jahre hinweg hypochondrische Perioden, habe auch depressive Zustände gehabt, Depressionen. Aber die Angst, wie Sie sie wahrscheinlich meinen, ist ein Element, was mir so inhärent ist, daß ich ohne sie wahrscheinlich gar nicht leben könnte. Natürlich habe ich Angst um die Erde. Natürlich läßt das etwas nach, weil ich sowieso am Ende meines Lebens bin. Aber es ist etwas ganz anderes, wenn Sie denken, mit mir geht die Erde zu Ende, als wenn Sie denken, wenn ich tot bin, geht alles so weiter, die ganzen jährlichen Metamorphosen der Natur gehen weiter, vielleicht wird man meine Bücher lesen oder meine Bilder anschauen . . .

Dann hätte der Tod einen Sinn, Ihr individueller, wenn alles weiterginge.

Einen Sinn hat er bestimmt, dann hätte er mehr Sinn für mich, und dann wäre er auch tröstlicher. So, wie es jetzt ist, hat es etwas Untröstliches.

Dann lieber mit mir reisen

Sie haben einmal geschrieben, daß Sie sich nur einem Verkehrsmittel anvertrauen, das in dem Element, in dem es sich bewegt, auch stehenbleiben oder den Rückwärtsgang nehmen kann. Das Flugzeug scheidet also aus. Wie reisen Sie denn, wenn Sie reisen. Reisen Sie noch?

Immer weniger jetzt. Aber wir sind sehr viel gereist, mit der Bahn und am liebsten im Auto. Wir haben Tausende von Kilometern zurückgelegt. Ich finde auch, nur wer auf der Erde reist, reist wirklich. In einer Atmosphäre in die Luft zu gehen und in einer ganz anderen auszusteigen, ist nicht dasselbe, als wenn Sie die ständige Metamorphose des Sich-vorwärts-Bewegens mitbekommen. Langsam verändert sich diese Vegetation, wird eine andere. Jedes Element ist anders, Sie bewegen sich in einer anderen Atmosphäre, die Sonne scheint anders, es sind andere Wolkenformationen. Das ist für mich Reisen.

Daß es empfehlenswert sei, mit Ihnen zu reisen, kann man allerdings nicht sagen. Sie haben einmal erzählt, daß Sie Hotels, in denen Sie einmal waren und die Sie wieder besuchen wollten, abgerissen fanden, und einmal sei sogar die Wand Ihres Zimmers angebohrt worden. Ist das richtig? Es klingt ja wie in Ihren Büchern.

Ja, in einem Hotel in Irland wurde gerade im Nebenzimmer gebohrt. An meinem Nachttisch stießen sie durch. Aber das hat mit dem ersten nichts zu tun. Daß die Häuser abgerissen werden, in denen ich gewohnt habe, ist leider ein unglückseliger Zufall. Es ging uns so mit dem Regina-Palast in München, der, nachdem wir zuletzt da waren, von einer Versicherungsgesellschaft gekauft wurde. Ein Hotel in Dublin hat man kurz nach meinem letzten guten Essen dort abgerissen. In Bochum hat man mein Hotel abgerissen. Daraus schließe ich aber nicht, daß mit mir zu reisen schlecht ist, im Gegenteil, ich würde sagen, dann lieber mit mir reisen, noch bevor das Zeug abgerissen wird.

Sie ziehen eine Spur des Verderbens, Herr Hildesheimer.

Offensichtlich, ja. Ich bekomme schon Angst.

Durch viele Gänge und Türen hindurch

Noch einmal zum Abschluß: Wofür fühlen Sie sich als Zeuge in diesem Jahrhundert? Was ist die wichtigste Beobachtung, über die Sie eine Aussage zu Protokoll geben möchten?

Ich könnte sie nur als Beobachtung zu Protokoll geben, nicht aber die Schlüsse, die ich daraus ziehe, denn die Schlüsse, die ich daraus ziehe, wären wahrscheinlich fehlerhaft, und darüber wird nie das letzte Wort geredet sein. Aber wenn Sie mich fragen, was mir als erstes dabei einfällt, wohl doch meine Eindrücke in Nürnberg bei den Gerichten, die Konfrontation mit den Kriegsverbrechern und mit den potentiellen Kriegsverbrechern, die ungeheure Varietät des Menschen.

Im Destruktiven.

Vom Destruktiven bis zum Konstruktiven, ohne es zu werten. Das ist natürlich, wird man sagen, das Böse und das Gute. Aber ich meine die Möglichkeiten, die in einem Menschen stecken, seine Verschiedenheit, die Charakteristika, die ein Mensch mitbekommen hat. Diese ungeheure Vielzahl war für mich wohl das Wichtigste und ist letztlich auch das, was mir das Material gegeben hat, zu schreiben. Denn irgendwie sind natürlich doch diese Erfahrungen alle verarbeitet, durch viele Gänge und Türen hindurch kommen sie wieder ans Tageslicht.

Und das ist der einzige Weg für einen Dichter, für einen Schriftsteller?

Ist es wohl, ja. Ich wüßte keinen anderen, der besser wäre, oder auch nur einen, der sich lohnen würde.

Anhang

Wolfgang Hildesheimer: Werkverzeichnis

Veröffentlichungen

»Lieblose Legenden«. Mit Zeichnungen von Paul Flora. Stuttgart (Deutsche Verlags-Anstalt)1952. Überarbeitete, um neue Beiträge erweiterte und einige frühere verminderte Neuausgabe: Frankfurt/M. (Suhrkamp) 1962. (=Bibliothek Suhrkamp 84). Neuausgabe: Frankfurt/M. (Suhrkamp) 1983. (=Weiße Reihe).

»Paradies der falschen Vögel«. Roman. Buchschmuck von Jochen Bartsch. München, Wien, Basel (Desch) 1953. Neuausgabe: München, Wien, Basel (Desch) 1967. Taschenbuchausgaben: München (Goldmann) 1959. (=Goldmanns Gelbe Taschenbücher 565). Frankfurt/M. (Suhrkamp) 1975. (=suhrkamp taschenbuch 295).

»das ende einer welt. funk-oper«. text: wolfgang hildesheimer. musik: hans werner henze. illustrationen von gisela andersch. Frankfurt/M. (studio frankfurt) 1953.

»Der Drachenthron. Komödie in drei Akten«. Mit Zeichnungen von Robert Pudlich. München, Wien, Basel (Desch) 1955. (Mit einem Nachwort Hildesheimers und einer Einleitung »Anstelle eines Vorwortes« von Robert Neumann). Neuausgabe: Zürich (Haffmans) 1984.

»Prinzessin Turandot«. In: Hörspielbuch 1955. Frankfurt/M. (Europäische Verlags-Anstalt) 1955. S. 81–121.

»Ich trage eine Eule nach Athen und vier andere von Paul Flora illustrierte Geschichten«. Zürich (Diogenes) 1956. Taschenbuchausgabe: Zürich (Diogenes) 1982. (=detebe 20529).

»Aufzeichnungen über Mozart«. In: Merkur. 1956. H. 10. S. 1033–1053.

»Begegnung im Balkanexpreß. Hörspiel«. Nachwort von Gert Westphal. Hamburg (Hans-Bredow-Institut) 1956. (=Hörwerke der Zeit 3). Neuausgabe (m. »An den Ufern der Plotinitza«): Stuttgart (Reclam) 1968. (=Reclams Universal-Bibliothek 8529). (Mit einem autobiographischen Nachwort Hildesheimers).

»An den Ufern der Plotinitza. Ein Tatsachenmärchen für den Funk«. In: Hörspielbuch 1956. Frankfurt/M. (Europäische Verlags-Anstalt) 1956. S. 129–162.

»Spiele, in denen es dunkel wird.« (Enthält: »Pastorale oder Die Zeit für Kakao. Landschaft mit Figuren. Die Uhren«). Pfullingen (Neske) 1958. Neuausgabe von »Pastorale« in: Deutsches Theater der Gegenwart. Hg. von Karlheinz Braun. Nachwort von Henning Rischbieter. Frankfurt/M. (Suhrkamp) 1967. (»Groteske in einem Akt. Neufassung 1965«). S. 293–349.

»Der schiefe Turm von Pisa«. (Druckfassung von Walter Höllerer). In: Akzente. 1959. H. 6. S. 98–126.

»Das Opfer Helena«. In: Sprich, damit ich dich sehe. Sechs Hörspiele und ein Bericht über eine junge Kunstform. Hg. von Heinz Schwitzke. München (List) 1960. (=List-Bücher 164). S. 59–90. Mit »Monolog«: Frankfurt/M. (Suhrkamp) 1965. (=edition suhrkamp 118).

»Herrn Walsers Raben«. Nachwort von Günter Eich. Hamburg (Hans-Bredow-Institut) 1960. (=Hörwerke der Zeit 18). Taschenbuchausgabe: In: Hörspiele. Mit einem Nachwort v. Ernst Schnabel. Frankfurt/M., Hamburg (Fischer) 1961. (=Fischer Taschenbuch 378). S. 119–155. Mit »Unter der Erde«: Frankfurt/M. (Suhrkamp) 1964. (=edition suhrkamp 77).

»Die Eroberung der Prinzessin Turandot. Komödie in zwei Akten«. In: Modernes deutsches Theater. Hg. von Paul Pörtner. Neuwied, Berlin (Luchterhand) 1961. (Neufassung von »Der Drachenthron«). S. 73–158. Taschenbuchausgabe mit »Das Opfer Helena«: Frankfurt/M., Hamburg (Fischer) 1969. (=Fischer Taschenbuch 971).

»Die Verspätung. Ein Stück in zwei Teilen«. Frankfurt/M. (Suhrkamp) 1961. (=im Dialog. Neues deutsches Theater).

Taschenbuchausgabe: Frankfurt/M. (Suhrkamp) 1963. (=edition suhrkamp 13).

»Vergebliche Aufzeichnungen. Nachtstück«. Mit sieben Illustrationen des Verfassers. Nachwort von Karl Markus Michel. Frankfurt/M. (Suhrkamp) 1963. (=edition suhrkamp 23).

»Betrachtungen über Mozart«. Pfullingen (Neske) 1963. (=opuscula 7).

»Tynset«. Frankfurt/M. (Suhrkamp) 1965. Taschenbuchausgabe: Frankfurt/M., Hamburg (Fischer) 1967. (=Fischer Taschenbuch 884). Neuausgabe: Frankfurt/M. (Suhrkamp) 1973. (=Bibliothek Suhrkamp 365).

»Wer war Mozart? Becketts ›Spiel‹. Über das absurde Theater«. Frankfurt/M. (Suhrkamp) 1966. (=edition suhrkamp 190).

»Interpretationen. James Joyce, Georg Büchner. Zwei Frankfurter Vorlesungen«. Frankfurt/M. (Suhrkamp) 1969. (=edition suhrkamp 297).

»Mary Stuart. Eine historische Szene«. Frankfurt/M. (Suhrkamp) 1971. (Mit einem Nachwort Hildesheimers: »Anmerkungen zu einer historischen Szene«).

»Zeiten in Cornwall. Mit 6 Zeichnungen des Autors«. Frankfurt/M. (Suhrkamp) 1971. (=Bibliothek Suhrkamp 281).

(»Über Georg Büchner«) in: »Büchner-Preis-Reden 1951–1971«. Stuttgart (Reclam) 1972. (=Reclams Universalbibliothek 9332–34). S. 169–182.

»Masante«. Frankfurt/M. (Suhrkamp) 1973. Neuausgabe: Frankfurt/M. (Suhrkamp) 1975. (=Bibliothek Suhrkamp 465).

»Hauskauf. Hörspiel«. Frankfurt/M. (Suhrkamp) 1974. (=Bibliothek Suhrkamp 417).

»Mozart-Briefe«. Ausgewählt, eingeleitet und kommentiert von Wolfgang Hildesheimer. Frankfurt/M. (Insel) 1975. (=insel taschenbuch 128).

»Theaterstücke. Über das absurde Theater«. Frankfurt/M. (Suhrkamp) 1975. (=suhrkamp taschenbuch 362).

»Hörspiele«. (Enthält: »Das Opfer Helena. Herrn Walsers Raben. Unter der Erde. Monolog«). Frankfurt/M. (Suhrkamp) 1976. (=suhrkamp taschenbuch 363).

»The End of Fiction«. In: Merkur. 1976. H. 332. S. 57-70.

»Biosphärenklänge. Ein Hörspiel«. Frankfurt/M. (Suhrkamp) 1977. (=Bibliothek Suhrkamp 533).

(»Mein Judentum«). In: Hans Jürgen Schultz (Hg.): Mein Judentum. Stuttgart (Kreuz) 1978.

»Mozart«. Frankfurt/M. (Suhrkamp) 1977. Taschenbuchausgabe: Frankfurt/M. (Suhrkamp) 1980. (=suhrkamp taschenbuch 589).

»Exerzitien mit Papst Johannes«. (Enthält: »Vergebliche Aufzeichnungen« und Fragmente aufgegebener Werke, z. B. eines Hamlet-Romans, ferner Paralipomena zu »Masante«). Frankfurt/M. (Suhrkamp) 1979. (=Bibliothek Suhrkamp 647).

»Andrew Marbot zum 150. Todestag. Die Wahrheit der Unwahrheit«. In: Die Zeit, 22. 2. 1980.

»Marbot. Eine Biographie«. Frankfurt/M. (Suhrkamp) 1981. Lizenzausgabe: Berlin, DDR (Volk und Welt) 1982. Taschenbuchausgabe: Frankfurt/M. (Suhrkamp) 1984. (=suhrkamp taschenbuch 1009).

(Rede zur Verleihung des Hörspielpreises 1954). In: Schriftsteller und Hörspiel. Reden zum Hörspielpreis der Kriegsblinden. Hg. von Klaus Schöning. Königstein/Ts (Athenäum) 1981. S. 27–29.

»Mitteilungen an Max über den Stand der Dinge und anderes«. In: Begegnungen. Eine Festschrift für Max Frisch zum siebzigsten Geburtstag. Frankfurt/M. (Suhrkamp) 1981. S. 58–63.

»Janssen und wir«. In: Horst Janssen: Zeichnungen. Hg. von Walter Koschatzky. München (Prestel) 1982.

»Arbeitsprotokolle des Verfahrens ›Marbot‹«. In: Jahrbuch der Deutschen Akademie für Sprache und Dichtung. Heidelberg (Lambert Schneider) 1983.

»Mitteilungen an Max über den Stand der Dinge und anderes. Mit einem Glossarium und 6 Tuschzeichnungen des Autors«.

Frankfurt/M. (Suhrkamp) 1983. Taschenbuchausgabe: Frankfurt/M. (Suhrkamp) 1986. (=suhrkamp taschenbuch 1276).

»Endlich allein. 32 Collagen im Originalformat«. Mit einer Einführung und Hinweisen des Künstlers. Frankfurt/M. (Suhrkamp) 1984. (Einmalige numerierte und signierte Auflage von 1000 Exemplaren). Taschenbuchausgabe: Frankfurt/M. (Insel) 1986. (=insel taschenbuch 898).

»Gedichte und Collagen«. Hg., mit Anmerkungen und Nachwort versehen von Volker Jehle. Bamberg (Fränkische Bibliophilengesellschaft) 1984. (Einmalige Auflage von 400 signierten Exemplaren).

»The Jewishness of Mr. Bloom/Das Jüdische an Mr. Bloom«. Zweisprachige Ausgabe. Frankfurt/M. (Suhrkamp) 1984. (=edition suhrkamp 1202).

»Das Ende der Fiktionen. Reden aus fünfundzwanzig Jahren«. Frankfurt/M. (Suhrkamp) 1984.

»Der ferne Bach. Eine Rede«. Frankfurt/M. (Insel) 1985. (=Insel-Bücherei 1025).

»Notate angesichts des ›Herkules‹«. In: Matschinsky-Denninghoff: Skulpturen und Zeichnungen 1955–1985. Berlin (Akademie der Künste) 1985. (=Akademie-Kataloge 144). S. 29–31.

»Collagen«. Hg., mit Vorwort und Essay versehen von Annie Bardon. Reutlingen (Hans-Thoma-Gesellschaft) 1985. (= Schriftenreihe der Hans-Thoma-Gesellschaft). (Einmalige Auflage von 500 Exemplaren).

»Die letzten Zettel«. In: Heinz Ludwig Arnold (Hg.): Wolfgang Hildesheimer. TEXT+KRITIK. 1986. H. 89/90, S. 8–18.

(»Briefwechsel zwischen Wolfgang Hildesheimer und Ingeborg Bachmann«, mit Kommentar von Wolfgang Hildesheimer). In: Freibeuter 27. Berlin (Wagenbach) 1986. S. 24–26.

»In Erwartung der Nacht. Collagen«. Mit einer Einführung des Künstlers. Frankfurt/M. (Suhrkamp) 1986. (Einmalige numerierte und signierte Auflage von 1000 Exemplaren).

Der Autor als Übersetzer – der übersetzte Autor«. In: Colloquium Helveticum. Schweizer Monatshefte für allgemeine und vergleichende Literaturwissenschaft 3. Bern, Frankfurt/M., New York (Peter Lang) 1986. S. 99–105.

»Endzeit – nur ein Gerede? Zu einem Satz Peter Handkes«. In: Die Zeit, 5. 12. 1986.

»Nachlese«. Frankfurt/M. (Suhrkamp) 1987.

»Die Hörspiele«. Frankfurt/M. (Suhrkamp) 1988. (=suhrkamp taschenbuch 1583).

»Klage und Anklage«. Frankfurt/M. (Suhrkamp) 1989.

»Die Theaterstücke«. Frankfurt/M. (Suhrkamp) 1989. (=suhrkamp taschenbuch 1655)

»Rede an die Jugend. Mit einem Postscriptum für die Eltern und zwei Collagen«. Nachwort von Christiaan Lucas Hart Nibbrig. Frankfurt/M. (Suhrkamp) 1991.

»Mit dem Bausch dem Bogen. Zehn Glossen mit einer Grafik«. Hg. von Volker Jehle. Warmbronn (Verlag Ulrich Keicher) o. J.

Gesammelte Werke in sieben Bänden. Hg. von Christiaan Lucas Hart Nibbrig und Volker Jehle. Frankfurt/M. (Suhrkamp) 1991.

Übersetzungen (Auswahl)

Anne Piper: »Jack und Jenny«. Frankfurt/M. (Krüger) 1955. Neuausgabe: 1976.

Djuna Barnes: »Nachtgewächs. Roman«. Pfullingen (Neske) 1959. Neuausgabe: Mit einem Nachwort von Wolfgang Hildesheimer. Frankfurt/M. (Suhrkamp) 1971. (=Bibliothek Suhrkamp 293).

Richard Brinsley Sheridan: »Die Schwiegerväter. Lustspiel«. Bearbeitung. München, Wien, Basel (Desch) 1962.

Richard Brinsley Sheridan: »Die Lästerschule. Lustspiel«. Bearbeitung. München, Wien, Basel (Desch) 1962.

Edward Gorey: »Eine Harfe ohne Saiten oder Wie man einen Roman schreibt«. Zürich (Diogenes) 1963.

George Bernard Shaw: »Die heilige Johanna. Dramatische Chronik in sechs Szenen und einem Epilog«. Frankfurt/M. (Suhrkamp) 1965. (=edition suhrkamp 127). Neuausgabe: Mit einer Vorrede. Frankfurt/M. (Suhrkamp) 1985. (=Bibliothek Suhrkamp 295).

Edward Gorey: »La Chauve-Souris Dorée«. Zürich (Diogenes) 1969. (=Klub der Bibliomanen 12).

George Bernard Shaw: »Helden. Komödie in drei Akten«. Frankfurt/M. (Suhrkamp) 1970. (=Bibliothek Suhrkamp 42). Taschenbuchausgabe: Frankfurt/M. (Suhrkamp) 1985. (=suhrkamp taschenbuch 1134).

James Joyce: »Anna Livia Plurabelle«. Mit einer Einleitung von Klaus Reichert. Frankfurt/M. (Suhrkamp) 1970. (=Bibliothek Suhrkamp 253).

William Congreve: »Der Lauf der Welt«. Frankfurt/M. (Insel) 1986.

Theater

»Der Drachenthron«. Uraufführung: Schauspielhaus Düsseldorf, 23. 4. 1955. Regie: Gustaf Gründgens.

»Das Opfer Helena«. Uraufführung: Zimmerspiele Mainz, 8. 10. 1959. Regie: Rudolf Jürgen Bartsch.

»Pastorale«. Uraufführung: Münchner Kammerspiele, 14. 11. 1958. Regie: August Everding. Uraufführung der Neufassung 1965: Burghofbühne Dinslaken, 15. 1. 1966. Regie: Günther Lampe.

»Der schiefe Turm von Pisa«. Uraufführung: Schloßtheater Celle, 18. 4. 1959. Regie: Hannes Razum.

»Die Uhren«. Uraufführung: Schloßtheater Celle, 18. 4. 1959: Regie: Hannes Razum.

»Landschaft mit Figuren«. Uraufführung: tribüne, Berlin, 29. 9. 1959. Regie: Hermann Herrey.

»Die Lästerschule«. Nach Sheridan. Uraufführung: Landestheater Hannover, 5. 6. 1960. Regie: Hermann Stelter.

»Die Verspätung«. Uraufführung: Kammerspiele Düsseldorf, 14. 9. 1961. Regie: Hansjörg Utzerath.

»Rivalen«. Nach Sheridan. Uraufführung: Städtische Bühnen Münster, 18. 10. 1961: Regie: Alfred Erich Sistig.

»Die Schwiegerväter«. Nach Goldoni. Uraufführung: tribüne, Berlin, 4. 12. 1961. Regie: Ilo von Janko.

»Nachtstück«. Uraufführung: Kammerspiele Düsseldorf, 28. 2. 1963. Regie: Hansjörg Utzerath.

»Die Eroberung der Prinzessin Turandot«. Uraufführung (?): Saarländisches Landestheater, Saarbrücken, 11. 9. 1967, Regie: Otto Riegel.

»Mary Stuart«. Uraufführung: Düsseldorfer Schauspielhaus, 15. 12. 1970. Regie: Konrad Swinarski.

»Der Lauf der Welt«. Uraufführung: Schauspielhaus Zürich, 18. 5. 1985. Regie: Gerd Heinz.

Hörspiele

»Das Ende kommt nie«. Nordwestdeutscher Rundfunk, 17. 6. 1952. Regie: Gert Westphal.

»Begegnung im Balkanexpreß«. Nordwestdeutscher Rundfunk, 12. 2.1953. Regie: Gert Westphal.

»Prinzessin Turandot«. (1. Fassung). Nordwestdeutscher Rundfunk, 29. 1. 1954. Regie: Gert Westphal.

»Prinzessin Turandot«. (2. Fassung). Süddeutscher Rundfunk, 10. 10. 1954. Regie: Otto Kurth.

»An den Ufern der Plotinitza«. (1. Fassung). Bayerischer Rundfunk, 22. 6. 1954. Regie: Otto Kurth.

»Das Atelierfest«. Nordwestdeutscher Rundfunk, 25. 5. 1955. Regie: Fritz Schröder-Jahn.

»Das Opfer Helena«. (1. Fassung). Nordwestdeutscher Rundfunk, 11. 10. 1955. Regie: Fritz Schröder-Jahn.

»An den Ufern der Plotinitza«. (2. Fassung). Nordwestdeutscher Rundfunk, 16. 6. 1956. Regie: Fritz Schröder-Jahn.

»Die Bartschedel-Idee«. Bayerischer Rundfunk/Norddeutscher Rundfunk, 21. 2. 1957. Regie: Fritz Schröder-Jahn.

»Pastorale oder Die Zeit für Kakao«. Bayerischer Rundfunk/Norddeutscher Rundfunk, 7. 2. 1958. Regie: Fritz Schröder-Jahn.

»Die Uhren«. Süddeutscher Rundfunk, 30. 5. 1958. Regie: Gert Westphal.

»Der schiefe Turm von Pisa«. Südwestfunk, 8. 9. 1959. Regie: Walter Knaus.

»Herrn Walsers Raben«. Bayerischer Rundfunk/Norddeutscher Rundfunk, 8. 3. 1960. Regie: Fritz Schröder-Jahn.

»Die Lästerschule«. Süddeutscher Rundfunk, 12. 2. 1961. Regie: Walter Knaus.

»Das Opfer Helena«. (2. Fassung). Norddeutscher Rundfunk, 12. 2. 1961. Regie: Heinz von Cramer.

»Rivalen«. Südwestfunk, 30. 5. 1961. Regie: Gert Westphal.

»Nocturno im Grand Hotel«. Bayerischer Rundfunk/Südwestfunk, 30. 12. 1961. Regie: Fritz Schröder-Jahn.

»Unter der Erde«. Bayerischer Rundfunk/Norddeutscher Rundfunk, 14. 2. 1962. Regie: Heinz von Cramer.

»Nachtstück«. Norddeutscher Rundfunk/Sender Freies Berlin, 1. 4. 1964. Regie: Hansjörg Utzerath.

»Monolog«. Norddeutscher Rundfunk/Südwestfunk, 6. 4. 1964. Regie: Fritz Schröder-Jahn.

»Es ist alles entdeckt«. Funkerzählung. Deutschlandfunk, 24. 11. 1965. Regie: Otto Düben.

»Maxine«. Hessischer Rundfunk/Norddeutscher Rundfunk/Sender Freies Berlin, 8. 1. 1969. Regie: Fritz Schröder-Jahn.

»Mary auf dem Block«. Hessischer Rundfunk/Norddeutscher Rundfunk/Süddeutscher Rundfunk, 6. 1. 1971. Regie: Fritz Schröder-Jahn.

»Hauskauf«. (1. Fassung). Süddeutscher Rundfunk/Westdeutscher Rundfunk, 6. und 9.1.1974. Regie: Oswald Döpke.

»Hauskauf« (2. Fassung). Bayerischer Rundfunk, 23.8.1974. Regie: Gert Westphal.

»Biosphärenklänge«. Bayerischer Rundfunk/Radio Bremen/ Rias Berlin/Westdeutscher Rundfunk, 22.7., 17. und 22.8.1977. Regie: Dieter Hasselblatt.

»Endfunk«. Radio Hilversum/Westdeutscher Rundfunk, 14.4.1980. Musik: Jan Wisse. Regie: Klaus Schöning.

Quelle: Heinz Puknus/Volker Jehle, »Wolfgang Hildesheimer«, in: Heinz Ludwig Arnold (Hg.), Kritisches Lexikon zur deutschsprachigen Gegenwartsliteratur, München (Verlag text+kritik) (wird laufend ergänzt)

Wolfgang Hildesheimer: Lebensdaten

1916	9. 12. in Hamburg geboren; Kindheit in Berlin, Cleve, Nijmegen und Mannheim
1930–33	Odenwaldschule
1933	Frensham Heights School Surrey, England; ab Dezember: Jerusalem
1934–37	Tischlerlehre, Zeichnen, Möbeldesign, Innenarchitektur
1937	Sommerakademie bei Emil Pirchan (Bühnenbild), Salzburg
1937–39	Zeichnen und Bühnenbild an der Central School of Arts and Crafts, London; Bühnenbilder am Tavistoc Little Theatre, London
1938	Aufenthalt in Mousehole/Cornwall
1939	Aufenthalt in Frankreich und der Schweiz, Rückkehr nach Palästina
1940–42	Englischlehrer am British Council des British Institute Tel Aviv
1941	Erste literarische Arbeit: das Gedicht »Perpetuum Mobile« Erste bildkünstlerische Publikation: Entwurf des Einbands der Anthologie »Ariel« und zwei Illustrationen zu Manfred Vogels »Stilleben«
1943–46	Information Officer beim Public Information Office der britischen Regierung in Jerusalem
1945	Erste Ausstellungen: Jerusalem, Tel Aviv
1946	Malerei, Textilentwurf und Bühnenbild in London Zweiter Aufenthalt in Cornwall
1946–48	Simultandolmetscher bei den Nürnberger Prozessen
1948–49	Redakteur eines Teils der Prozeß-Protokolle

1949–53	Wohnsitz in Ambach am Starnberger See
1950	Erste Geschichten in Zeitungen und Zeitschriften
1952	Erste Buchpublikation: »Lieblose Legenden« Erstes Hörspiel: »Das Ende kommt nie«
1953	Einziger »Roman«: »Paradies der falschen Vögel«
1953–57	Wohnsitz in München
1955	Erstes Theaterstück: »Der Drachenthron« Hörspielpreis der Kriegsblinden für »Prinzessin Turandot«
1956	Erster Niederschlag einer Passion: »Aufzeichnungen über Mozart«
1957 ff.	Wohnsitz in Poschiavo/Graubünden
1958	Sammlung von Theaterstücken: »Spiele, in denen es dunkel wird«
1959	Übersetzung von Djuna Barnes' »Nightwood: Nachtgewächs«
1960	Erlanger Rede: »Über das absurde Theater«
1965	Prosa: »Tynset« Erste Ausstellung seit fünfzehn Jahren: Novalis-Galerie, Freiburg
1966	Bremer Literaturpreis und Georg-Büchner-Preis für »Tynset«
1967	Frankfurter Vorlesungen Beteiligung an der internationalen Ausstellung »Collage 67«
1968–76	Nebenwohnsitz in Trazanni bei Urbino
1970	Letztes Theaterstück: »Mary Stuart«
1971	Autobiographische Prosa: »Zeiten in Cornwall« Ausstellung in der Galleria Indica, Sondrio
1973	Prosa: »Masante«
1974	Gemeinschaftsausstellung »Autoren machen Bilder«, Kiel
1974/75	Gemeinschaftsausstellung »Word & Image«, London, Glasgow, Dublin, Manchester

1975	Vortrag: »The End of Fiction«
1976	Ausstellung in der Aula Magna del Collegio Raffaello, Urbino Gemeinschaftsausstellung »Bild Text/Text Bild«, Nürnberg
1977	Biographische Prosa: »Mozart« Gemeinschaftsausstellung »Alter Ego«, Lugano Letztes Hörspiel: »Biosphärenklänge«
1980	Premio Verinna Lorenzon der Provincia di Cosenza für »Mozart« Letzte Arbeit für den Funk: die Funk-Oper »Endfunk« mit Jan Wisse Eröffnung der Salzburger Festspiele: »Was sagt Musik aus?«
1981	Fiktive Biographie: »Marbot«
1982	Letzte Bearbeitung: Congreves »The Way of the World« Großer Literaturpreis der Bayerischen Akademie der Schönen Künste München für »Marbot« Ehrendoktor der Justus-Liebig-Universität Gießen
1983	Letzte Prosa: »Mitteilungen an Max über den Stand der Dinge und anderes« Großes Bundesverdienstkreuz der Bundesrepublik Deutschland Schweizer Ehrenbürgerschaft
1983	Ausstellung im Wilhelm-Busch-Museum, Hannover
1983/84	Ausstellung in der Städtischen Kunsthalle, Mannheim
1984	Erste Ausgabe der Collagen: »Endlich allein« Bloomsday-Dinner-Speech: »The Jewishness of Mr. Bloom« Interview: »Der Mensch wird die Erde verlassen« Erster Essay über Umweltzerstörung: »Klage und Anklage«

1985 Eröffnung des Internationalen Musikfests Stuttgart: »Der ferne Bach«
Ausstellung im Spendhaus, Reutlingen

1986 Große Retrospektive und Ausstellung in der Villa Aichele, Lörrach
Ausstellung im Foyer der Berliner Akademie der Künste anläßlich des 70. Geburtstages
Zweite Ausgabe der Collagen: »In Erwartung der Nacht«
Zu Mozarts »Requiem: Herr, gib ihnen die ewige Ruhe nicht«

1987 Ausstellung in der Galerie Maske, Zürich
Ausstellung in der Galerie Giacometti, Chur
Textcollage: »Nachlese«

1988 Eröffnung der Kabinett-Ausstellung »Günter Eich«, Marbach
Ausstellung mit Not Bott im Bernerhaus, Frauenfeld
Vortrag: »Watteaus ›Gilles‹ und Marbot«, München
Ausstellung in der Galleria La Court, Susauna

1989 Ausgabe der »Vergeblichen Aufzeichnungen« mit neuen Illustrationen: »Textscherben«

1991 »Gesamtausgabe in sieben Bänden«

1991 21. 8. in Poschiavo/Graubünden gestorben

Quelle: Wolfgang Hildesheimer, Hg. von Volker Jehle, Frankfurt/M. 1989 (suhrkamp taschenbuch 2103)

Über die Reihe »Zeugen des Jahrhunderts«

Die Sendereihe »Zeugen des Jahrhunderts«, 1978 von Dieter Stolte und Karl Schnelting ins ZDF-Programm gebracht, stellt Persönlichkeiten vor, deren Lebensgeschichte zugleich Zeitgeschichte ist. Zeugen des Geschehenen: Frauen und Männer unterschiedlicher Herkunft, unterschiedlicher Berufe und unterschiedlicher Ansichten und Überzeugungen, denen eines gemeinsam ist: ihre Ausdrucksfähigkeit in der deutschen Sprache und die Kraft, reflektierte Erfahrungen und Erinnerungen mitzuteilen.

Mit den Gesprächsaufzeichnungen entstanden Bilder des Lebens – voller Tragik oft, aber auch voller Komik. Und immer voller Weisheit. Sehr persönlich erlebt und geschildert, sind die Gespräche doch zu Dokumenten geworden, die das 20. Jahrhundert mit seinen Errungenschaften, aber auch mit seinen Katastrophen, seinen Kriegen und seinen Verbrechen spiegeln.

Viele Zuschauer der Fernsehsendungen wünschen sich eine gedruckte Fassung der Gespräche, und zwar in Verbindung mit weiterführenden Informationen zu Leben und Werk der Zeugen. So entstand der Plan, über einzelne Zeugen eine Buchveröffentlichung herauszubringen, in der das aufgezeichnete Gespräch ein wesentlicher Teil des Buches ist, die Gesamtpublikation jedoch über den bloßen Abdruck des Gesprächsverlaufs hinausgeht. Herausgeber und Redaktion haben es übernommen, jeweils einen »Zeugen des Jahrhunderts« so vorzustellen, daß jüngere Leser Erläuterungen zu Leben, Werk und Umfeld vorfinden und älteren Lesern Erinnerung und Vergewisserung ermöglicht wird.

Die Gesprächsmitschnitte für den Druck zu überarbeiten, ließ sich vor allem von dem Grundsatz leiten, die charakteristischen Eigenarten des Gesprächs, seinen Stil und die Atmosphäre der Diktion zu erhalten. Lediglich die inhaltliche und sprachliche Redundanz des frei gesprochenen Wortes wurde gestrafft, um dem Leser ein zügiges und angenehmes Verfolgen der Erzählung möglich zu machen. Gleichwohl ist auch der gedruckten Fassung eines Gesprächs vor der Fernsehkamera anzumerken, daß es sich um mündliche Kommunikation handelte. Der Zeuge hat weder eine Monographie verfaßt, noch Memoiren geschrieben, sondern sich darauf eingelassen, sich des Mediums Fernsehen zu bedienen. Ein solches Gespräch steht gewissermaßen unter dem Zeichen des »Hier und jetzt im Fernsehen«. Das bedeutet unter anderem, daß Gedanken und Fragen dem ungeplanten Fluß des Gespräches folgen, manche systematisch oder geschichtlich »fällige« Frage nicht oder erst in einem anderen Zusammenhang gestellt wird, mancher Gedanke nur in dieser Situation so und nicht anders geäußert wird. In den Glücksmomenten solcher Gespräche findet der Zeuge aus dem Augenblick im Fernsehlicht eine Erinnerung, eine Perspektive oder eine Formulierung, eine neue Einsicht in die Zusammenhänge oder ein vergessenes Gefühl für sich selbst und die Zuschauer zurück.

Daß für nicht wenige der Zeugen die freie Rede vor der Fernsehkamera ungewohnt war, wirkte sich im allgemeinen als Vorteil aus, da nicht die sonst oft übliche Medienroutine die Ursprünglichkeit der Rede verdarb.

Somit sind die Konzeption der Fernsehreihe und die Modalitäten der Aufzeichnung konstitutiv auch für die Buchreihe. Daß das gesamte Projekt »Zeugen des Jahrhunderts« für das Fernsehen der neunziger Jahre atypisch genannt werden muß – auch dies mag für das beständigere Medium Buch eher ein Vorteil sein.

Die Gespräche der Reihe sind keine schnellen Interviews mit vorformulierten Fragen und gestanzten Antworten, zum alsbaldigen Verbrauch bestimmt. Die Zeugen werden also nicht von einem »Talkmaster« vorgeführt und zur Schau gestellt; die egozentrische Selbstdarstellung des Interviewers ist ebenso störend wie die effekt- und beifallheischende Produktion von Bonmots und Kalauern.

Vielmehr lassen sich die Gesprächspartner aufeinander und auf die Möglichkeit eines zeitlich kaum beschränkten Gedankenaustausches ein. Das Ideal ist nicht das journalistisch konfrontative Interview, sondern der integrative, nachdenkliche und sympathetisch geführte Diskurs. Die wechselseitige Achtung, ja Sympathie, die geistige Wahlverwandtschaft der Gesprächspartner ist erwünscht, weil erst ein Klima des Verstehens jene Gesprächskultur ermöglicht, die hier angestrebt wird.

Die Gespräche fanden nicht in einem Fernsehstudio statt, sondern in einem Raum, der für die private oder berufliche Existenz des Zeugen kennzeichnend ist.

Auf die Aussagekraft dieser Bilder vom »Ambiente« des Zeugen muß ein Buch ebenso verzichten wie auf die Aussagekraft des Gesichtes mit seiner Mimik und seiner Geschichte. Es wäre jedoch ein Mißverständnis, wollte man ein Gespräch im Fernsehen als »bebilderten Hörfunk« auffassen. Die Sprache der Bilder fügt dem gesprochenen Wort nicht nur etwas Entscheidendes hinzu, es verändert auch die Art des Sprechens. Wer sich darauf verlassen kann, daß auch der Ausdruck des Gesichts und die Körpersprache wahrgenommen werden, formuliert anders, als wenn er sich nur auf seine Stimme und die Wörter stützen kann. Dies darf bei der Lektüre der vorgelegten Buchausgaben von »Zeugen des Jahrhunderts« nicht vergessen werden.

Die Fernsehaufzeichnungen umfassen jeweils mehr Material, als in die einzelne Fernsehsendung aufgenommen werden kann. Die zumeist auf 60 Minuten begrenzte Sendung folgt eigenen dramaturgischen Gesetzen. Die Buchausgabe stützt sich deshalb nicht auf die Sendung, sondern auf die Aufzeichnung, also auf das Gesamtmaterial des »elektronischen Archivs«, das im ZDF angelegt wurde und für eventuelle weitere Sendungen verfügbar bleibt.

Ingo Hermann